ICC（International Code Council）の「グローバルフォーラム」でスピーチした時の筆者（本書、九頁参照）

生命の探求
人は生まれ変わる

平野正利
HIRANO Masatoshi

論創社

本文挿画　平野勇一

生命の探求　人は生まれ変わる　目次

第一章　宿業とは何か——私の体験から

私は、子供の頃から貧血で倒れることがありました。突然、青くなって、気を失って倒れてしまいます。高校時代には、埼玉県のある市から都内の学校に電車で通学していましたが、他の人が私の顔を覗き込んでいると思ったら、自分が床に倒れていて、周囲の乗客が心配して、私を覗き込んでいたということもありました。

一八歳の時に創価学会に入会しました。一九六五年（昭和四〇年）の四月に、母がいろいろな宗教遍歴の後、当時も一番勢いのあった創価学会に、自分から声をかけ入りました。母は後で、「これをやって駄目だったら宗教は一切止めようと思っていた」と言っていました。

実は、母の妹がまだ女学生だった時に、列車事故で亡くなりました。祖母はその子の、私にとっては叔母にあたりますが、死んだ子のことがとても気になり、あちらこちらの宗教、拝み屋という新興宗教的な類も多かったようですが、出かけるようになりました。長女である母が付き添い、まだ幼かった私も、母の手に引かれていろいろな宗教を経験するようになりました。

母が立正佼成会にいた時には、身延山と七面山まで行ってきて、身延山久遠寺には、蛇など様々なものが祭ってあったのを見て、歴史などの本をよく読む母は、帰ってきて、「日蓮さんは、他の宗教はだめだと言っていたのに、今の身延山は納得できない」と、立正佼成会はやめてしまいました。そして創価学会はどうかと思ったようです。

創価学会に納得できたのか、九月になって、母は、家族に学会に入ったことを打ち明け、一緒にやるように勧めました。素直な父親と、母にはいろいろ世話になっていたので、私は同意しましたが、その時もう社会人になっていた姉は入会を見送りました。でも、その姉も翌年の二月には入会しています。

私は、宗教団体が政治に進出する、危険な宗教団体が日本に誕生したと創価学会について思っていたのですが、入会のため、当時のお寺に行ってみると、今まで母に連れられていった宗教と違い、明るい雰囲気を感じました。特に、同世代の青年の目の輝きが印象に残りました。受験勉強の合間に、学会の出版物を見ると、哲学的、理論的な記述に納得し、創価学会が公明党を作って政界進出した理由がわかり、政治支配をねらった宗教団体ではないかという疑問も解消しました。

誰もが宗教的な雰囲気になる、その年の暮れの、除夜の鐘が鳴る頃に、勤行してみるといって、母から勤行を教わり、信心を少し実践するようになりましたが、高校三年の受験勉強中ということもあり、学会の活動はしていませんでした。

その後、活動に参加するようになってからも、男子部の会合などに出席した時、時々貧血を起こしたことがありました。何故か大きな会合などに出ると、時々貧血をおこしました。

当時は、学会の会館も少なく、新年の勤行会も、支部単位で大きな家を持つ個人のお宅で行われていました。私が男子部の総B長（今の支部の部長）の時に、新年の勤行会に池田先生が送ってくれたメッセージを読み上げることになり、読んでいて突然倒れました。周りの人もきっと驚いたのではないかと思います。

この時は、男子部の幹部に呼ばれ、「お前も幹部になったのにみっともない。ちゃんと祈っているのか」と指導されました。信心していれば、そのうち倒れなくなるだろうという期待はありましたが、特に倒れなくなるようにとは祈っていませんでした。「自分の病気のことだから、倒れないように自分で祈りなさい」と指導されました。それはそうだと、次の日から朝晩の勤行で倒れないよう祈りました。一ヵ月程して大きな会合で、私が、また登壇して話す機会がありました。また倒れたらどうしょうと不安になりましたが、倒れないように祈り始めていたので、やってみることにしました。今度は倒れないで話すことができました。指導を受けた先輩に、倒れないで話ができましたと報告すると、先輩からは、「業が切れる時には大きく出る」と言われました。業とは命に刻まれた宿業、カルマともいわれるもので、前世において命に刻まれた傷のようなもののことです。その宿業が切れるときには、何らかの大きな現象があるということです。将来におきることなので、そういうものかと思うしかありませんでした。

私は、創価学会男子部の創価班という、会合などの整理をする役員もしていました。東京の立川にある会館で、創価班として任務についている時に、その会館にいらした池田先生が前を通られたとき私の方に来られて、「顔色が悪い」と言われました。元々悪い方だったので、「はい」といって、それ程気にせずにいましたが、一週間程後にまた立川文化会館の任務についていた時に、再び先生が通られ、その時には、私の方を見られ首をかしげて行かれました。今度は、少し心配になった私は、男子部の先輩に指導を受けに行きました。先日、前を通られた先生から、「顔色が悪い」と言われ、今度は、私の顔をみて、首をかしげて行かれましたが、何か私の身にあるのですかねと尋ねましたが、先輩からは、「先生が首をかしげていることを私がわかるか」と言われました。それもそうだなと思い、以前から倒れる持病のあった私ですから、先生は私のそういう命を見られたのだろうと思い、その後もそのまま活動を続けていました。

宿業などが切れるときは、信心してからの節目に関係があるといわれます。私は東京都庁に勤めていました。入会して二一年目の時に、職場の人事異動があり、まだ丸の内にあった都庁から、立川の多摩西部建築指導事務所（現、多摩建築指導事務所）に異動になりました。人事異動の挨拶の日に倒れました。この時は、机の角に顔をぶつけたらしく、私は意識がありませんでしたが、救急車で武蔵境にある日赤の病院に運ばれて入院し、左眉毛のところを七針縫う治療を受けました。職場で倒れたこともあり、職場からは、何が原因かを徹底的に調べろと言われ、そのまま二泊三日の検査入院で、心電図、脳波、ＭＲＩ、血液検査など色々調べましたが、原因はわかりません。最後に、日赤の担当医から、身体のリズムのようなもので、症状が出た時でないと原因はなかなかわからないと言われました。

しかし、私はこれで業が切れたと感じました。以前に、業が切れる時には大きく出ると言われたこともありましたが、今まで、活動していても、自分自身に対する内面の意識としてどんより曇った天気のような、何処か生命が重いという感じがありました。この倒れた後から、晴天の時の青空ように、スッキリして自分の生命が軽くなったと感じられました。自分自身の実感なので、伝えづらい面はありますが、私、自分自身に対する実感として、そう感じたのです。

私は、多摩西部建築指導事務所の建築指導第一課で係長職の職員として、事務所の管轄区域のなかでも、一番の中心地である立川市などの建築確認行政を担当していました。また、多摩事務所はスポーツが盛んで、職場の仲間たちとテニス、野球、ゴルフと、職場のスポーツにも楽しく参加させてもらいました。

業が切れた後は運が開けたように、その後、職場では、人事異動で、本庁の都市計画局

（現、都市整備局）地域計画部の土地利用計画課に異動になりました。都市計画としては要の部署であり、ちょうど平成元年の用途地域等の一斉見直しのときであり、激務が待っていました。市街化区域及び市街化調整区域の区域区分、「線引き」と言われますが、この仕事を担当するとともに、都市計画のマスタープランと言われる「都市計画区域の整備、開発及び保全の方針」を作成する係の係長になりました。国の六省庁と協議するのに、各省庁へ係長の私が行って、東京都の案を説明し、承諾をとるなど、責任あるポストでした。これらの都市計画変更案件を一斉に審議する都市計画審議会の日程が決まっていて、これに間に合わせるため、ハードな日々が続きましたが、やりきることができました。顔色も悪く、よく倒れたりした私が、よくやり遂げたと思います。

また、東京都の管理職試験は難関なのですが、思いの他スムーズに管理職試験に合格しました。

また、私生活でも、あきる野市の比較的、駅の近いところに土地を買うことができ、敷地に余裕があったので、賃貸用に２ＤＫのアパート二戸を付けた住宅を建てることができました。一級建築士の資格はもっていたのですが、自ら設計、構造計算をして、住宅を建てられたのは、ラッキーだったと思います。

その後、仕事においても、二〇〇五年（平成一七年）に世間を騒がせた耐震偽装事件、いわゆる姉歯事件がありました。この時には、私が、東京都都市整備局の建築企画課長という、建築行政では、その担当の任にあたる課長をしていました。毎週、国土交通省で行われる連絡協議会に出席し、都においては、毎週日曜日の午前中にまで、局長室で対策会議が行われ、毎晩のように深夜まで仕事がありました。特に、議会で、特別委員会があったときには、タクシーで午前三時くらいに自宅に帰り、翌日はいつも通り、朝七時に家を出て、出勤しました。職場にはすでに記者の方々が待ち構えていて、その対応に一段落すると都議会にでかけ、議員の方の所に午後からの質疑の調整に行き、午後一時から始まった委員会は夜七時くらいに終わったのですが、途中の休憩の時にジュースを飲んだだけで、朝食をたべたのが夜八時を回ってからということも経験しました。でも、倒れることはありませんでした。

都庁を退職して、日本建築行政会議の事務局長を務め、アメリカで行われるＩＣＣ（International Code Council）という、国際会議に毎年のように参加しました。二〇一三年の時には、ニュージャージー州のアトランティックシティーで行われた会議のグローバルフォーラムで、日本を代表して、「耐震性についての東京都の取組み」を二〇分ほど英語でスピーチをしました。倒れませんでした。アメリカで、英語でスピーチするなど、以前の私でしたら、とても出来なかったと思います。

業が切れたと感じた時から、一度も倒れていません。医者が検査してわからなかった病気で、突然倒れるという現象は、宿業が切れたと感じたときから、一度も倒れていないわけですから、まさに、突然倒れるという宿業はなくなったということになります。

私は、現在七一歳になります。（令和元年九月現在）

貧血で突然倒れたり、池田先生に「顔色が悪い」と指摘されたように、若い頃は決して丈夫ではありませんでした。しかし、七一歳になっても、元気に働いています。ある建築確認検査関係の会社で、取締役執行役員という職責を頂いて、また建築に関係する二つの業界団体で理事を、一つの全国的な機関の企画委員を務めるなど、充実した生活をおくっています。学会の方でも、東京の多摩のある地域で総区壮年部長（総区は幾つかの行政単位をまとめた創価学会の区域を言います）という役職で活動しています。

妻も元気な専業主婦で、働き者です。庭の手入れとか、部屋の片づけとか、いつも何かやっています。最近は、家をリフォームした時の職人のやり方をまねて、自分で台所の壁のクロスの張替えまでやっています。もちろん、学会の方も支部婦人部の幹部の一人として活動しています。

息子が二人いますが、それぞれ結婚して、同じ市内に家を建てくらしています。息子二人は、学会で地域の男子部のリーダーの一員として、嫁さん二人も、婦人部の白ゆり長として、第一線で活動してくれています。

孫も近くですので、よく遊びにきます。みんな仲良くやっています。平凡ですが、幸福な生活であると思います。

創価学会が布教している仏法は、倫理、道徳のような、生き方の観念を教えるものだけではなく、宿命転換ともいいますが、生命に刻まれた宿命、命にこびりついた宿業を変える、本当に力のある宗教なのだと実感しました。この力なくして、世の不幸を救う、本当の宗教にはなりえません。では、あらためて、生命とは、また宿業とは、何なのでしょう。第二章からこの探求が始まります。

第二章　生命の探求——古代の先哲の悟り

人は、人間として生きている存在を、神など超自然的な意思によると考え、その運命も、神の意思によるものだと思ってきました。科学が発達した現在においても、そう思っている人は、神という超自然な存在の呼び方は国や民族などによって様々でも、多いと思います。

第一節　釈迦の悟り

王子の位を捨てて、ある意味で、人間生命の探求の旅に出かけたのが、インドの釈迦でした。そして、釈迦は、難行、苦行の後、生命の永遠性にたどり着き、仏教をおこしました。

釈迦は文章を残していませんので、釈迦の死後、釈迦の言葉を記憶した人々で、釈迦の言葉をまとめる仏典結集が何度か行われました。膨大な釈迦の言葉を残した経典で、いろいろな学説、主張があるようですが、現実に伝わっている仏教の中で判断するしかありません。

仏教は、スリランカやタイなどに伝わる南伝仏教と、中国、日本などに伝わる北伝仏教に分かれて広まっていきます。南伝仏教というのは上座部仏教で、大乗教との比較で、小乗教とも言われてきたものです。その教えは、個人の解脱、生死の苦しみを乗り越えた悟りの境地を目指します。これに対して北伝仏教は、大乗仏教といい、菩薩道を修行の根本とします。その教えは、苦悩する人々を助けていく行為の中に、自身の境地を開いていこうとするものです。自分自身が悟りをひらきたいと修行する小乗仏教は、ともすると、自分だけの悟りの世界を求めていきます。また、その修行のなかには、灰身滅智といって、あらゆる煩悩を断じて、無余涅槃の悟りの境地に入るため、一切の苦、煩悩が生じるこの身を滅するというものがあります。現実的に、一般の庶民が幸福になる修行とは思えません。

大乗仏教は、人々を救っていこうとする行為（菩薩道）の中で、自分自身の境涯をひらいていこうとするものです。人が生きていくには、食べる、向上を図るなど様々な欲望がありますが、この欲望が、むしろ生きる力となり、達成したときに喜びを感じるのが、人生です。この欲望に振り回されず、どうコントロールして生きるかという、自己自身の人間としての成長を目指した修行を説いた、大乗仏教の教えの方が現実的です。

中国や韓国、日本に伝わった大乗仏教にも、様々な宗派が起こります。そうした中で、宗派対立の法論も行われていたようです。宗教史の中では、六世紀の頃、中国の隋の時代に、天台大師（智顗）という人が、南三北七といわれる、江南の三師と河北の七師という十流あった諸派を打ち破り、『法華経』を根本とした天台宗を確立させたといいます。

日本では、伝教大師（最澄）という人が、桓武天皇の時代、天皇のもとで、延暦二一年（八〇二年）高雄寺において、奈良、京都にあった六宗の碩学と法論を行い、これらの宗派をことごとく打ち破り、日本でも『法華経』を根本とした天台宗を確立させました。

しかし、一度、民衆に根差した宗教は、根が深いもので、改宗していくことはなかなか難しいようです。法論に敗れた宗派の寺も、なくなっていません。

人びとの、生活の根本、先祖から伝わる家の伝統、しきたりをなす信仰は、簡単にはかわりません。しかし戦後の創価学会の一対一の折伏活動などをとおして、様々な宗教の人が、創価学会に入会しています。また、そうした活動で、既存仏教の各宗派が、現実社会への対応が不十分であることが明らかになり、これらの仏教の各宗派は、現代では、葬儀などの儀式を執り行う機関としての役割を演じていますが、釈迦が本来目指した、人生を如何にして生き、来世も含めて、幸福境涯を形成するという力にはなっていないことがはっきりしてきました。

それでは、釈迦の悟りは、なんであったのか、あらためて、その原点ともいうべき、悟りを知りたいと思います。その悟りの模様を記述した、創価学会池田名誉会長の著作、『新・人間革命』の第3巻「仏陀」の章には、以下のように鮮やかに表現されています。

過酷な修行を終わらせて、菩提樹の下で瞑想に入った釈迦は、魔の誘惑を払いのけ、更に瞑想に入ると、

「魔を克服した釈尊の心はすがすがしかった。精神は澄み渡り、晴れた空のように一点の曇りもなかった。不動な境地が確立され、彼の思念は、自身の過去を照射していった。

これまでの人生を思い起こすと、次いで、前の生涯が思い浮かんだ。二つ、三つ、四つと、過去の生涯が蘇り、それは幾百、幾千……の生涯へと至った。その時々の自身の過去の姿が、鮮やかに彼の脳裏に描きだされていった。そして、さらに幾多の宇宙の成立と破壊へと及んだ。

釈尊は、今、菩提樹の下で瞑想している自分は、久遠の昔から生じては滅し、滅しては、また生まれるという、その連続のなかにいることを知った。

彼は三世にわたる生命の永遠を覚知したのである。

その時、生まれて以来、心の底深く澱《おり》のように沈んでいた、あらゆる不安や迷いが消え去っていた。自己という存在の、微動だにしない深い根にたどりついたのだ。

彼は、無明の闇が滅して、智慧の光明がわが生命を照らし出すのを感じていた。そして山頂から四方を見渡すかのように、彼の境地は開かれていった。

釈尊の研ぎ澄まされた思念は、さらに、一切衆生の宿命に向けられていった。

彼の胸中に、諸々の衆生が、生き、そして死に、また、生まれてくる姿がありありと映し出された。ある人は不幸の身の上となり、ある人は幸福の身の上となっていた。

彼は、一念を凝縮させ、その原因をたどった。

——不幸の宿命を背負った人たちは、前世において、自らの行動で、言葉で、あるいは心で悪行をなし、正法の人を謗っていた。そして邪な見解をいだき、それに基づく邪な行為をしていた。そのために、死後は不幸の宿命を背負って生まれてきているのである。それに対して、行動、言葉、心で善行をなし、正法の人を謗ることなく、正しい見解をいだいて、正しい行為をするならば、死後は幸福になっていた。現在世は、過去世の宿業によって決定づけられ、未来世もまた、現在世の行為によって決まっていく。

今、釈尊は、それを、明らかに覚知することができた。彼は、変転する衆生の生死のなかに、厳とした生命の因果の理法を明察したのである。

夜は、深々と更けていった。釈尊は、無限の大宇宙と自己との合一を感じながら、深く、深く思惟《しゆい》を突き進めていった。

いつしか、明け方近くになっていた。東の空に明けの明星が輝き始めた。

その瞬間であった。無数の光の矢が降り注ぐように、釈尊の英知は、不変の真理を鮮やかに照らし出した。彼は、胸に電撃が走るのを覚えた。体は感動に打ち震え、頬は紅潮し、目には涙があふれた。

〝これだ。これだ！〟

この刹那、この一瞬、釈尊は大悟を得た。遂に仏陀となったのだ」（『新・人間革命』第3巻、一八〇～一八二頁）

チョット長い引用になりましたが、池田氏が、この小説に記載しているように、釈迦が仏陀になったのは、因果の理法に則って生まれ変わるという生命の法則を悟ったからに他ならないと思います。

輪廻転生と言いますが、人間には、それぞれ過去世があり、死んでもまた生まれてくるという、人間生命に関する洞察が、仏教の基盤になっています。

第二節　ソクラテス、プラトンの哲学

キリスト教、イスラム教などでは、人間の生まれ変わりは、信じないと言います。しかし、西洋文明の基底をなすギリシャ思想のなかには、人間生命の生まれ変わりを記述した

ものがあります。

ソクラテスは、文章を残していませんが、弟子のプラトンは、ソクラテスの言葉をとどめています。ソクラテスは、自身が知者であるという神託を確かめるため、当時アテナイで、知者と言われる政治家、詩人などを相手に、次々に問答に出向きます。その結果、彼らは何も知らない、何も知らないということに気づいている自分のほうが知者に違いないと確信するにいたります。一方、ソクラテスによって、無知をさらけ出された人々は、ソクラテスに対して、大変な怒りと恨みとを抱きます。そうした活動の結果、ソクラテスは裁判にかけられ、青年に対して有害な影響を与え、国家の認める神々を認めず、別の新しいダイモーン（精霊）の類を祭るということで、告発されます。

やはり、プラトンが残した『ソクラテスの弁明』という著作のなかで、ソクラテスの言葉として、

「ただ金銭を、できるだけ多く自分のものにしたいというようなことにだけ気をつかっていて、恥ずかしくはないのか。評判や地位のことは気にしても、思慮や真実は気にかけず、精神をできるだけすぐれたものにするということにも、気もつかわず、心配もし

ないというのは。」（中略）

「つまりわたしが、歩きまわって行っていることはといえば、ただ次のことだけなのだ。諸君のうちの若い人にも、年寄りの人にも、誰にでも、精神ができるだけすぐれたものになるように、随分気をつかわなければならないのであって、それよりも先、もしくは同程度にでも、身体や金銭のことを気にしてはならないと説くわけなのです。そしてそれは、金銭をいくらつんでも、そこからすぐれた精神が生まれてくるわけではなく、金銭その他のものが、人間のために善いものとなるのは、公私いずれにおいても、すべては精神のすぐれていることによるのだからと言うわけなのです。だから、もしわたしが、こういうことを言うことによって、青年たちに悪い影響を及ぼしているのなら、わたしの言うことは、有害なのかもしれません。しかしこれ以外のことを、わたしが言っていると主張する人があっても、それは嘘です。」（『ソクラテスの弁明・クリトーン・パイドーン』プラトン著、四八〜四九頁）

しかし、裁判の結果、ソクラテスは有罪とされ死刑判決がなされます。

牢獄にいるソクラテスを助けだそうと、親友のクリトーンが脱獄の手はずを整えますが、

ソクラテスは、その誘いに乗らず死を選びます。その理由が、同じくプラトンが書いた「クリトーン」という作品によれば、

「世の多数がこれに賛成しようが、反対しようが、またわれわれが、いまのよりも、なおもっとひどい目にあわねばならないとしても、あるいは多少おだやかな取扱いを受けることになるとしても、そんなことにはかかわりなく、とにかく不正というものは、不正を行う者には、どんなにしても、まさに害悪であり、醜悪であるということになるのではないか。」（中略）

「たとい不正な目にあったとしても、不正の仕返しをするということは、世の多数の者が考えるようには、許さないことになる。とにかく、どんなにしても、不正を行ってはならないのだとするとね。」（同、一〇六〜一〇七頁）

そして、脱獄を行うことは、不正であり、それを行う者は害悪であり、醜悪である。自己の魂を汚すことになり、哲学者の行うことではない。

ソクラテスは、最後、悠然として、毒杯を仰いで死んでいきます。この悠然として死んでいったソクラテスは、汚れなき自己の魂は、神々の国にいけるという確信があったのだ

と思います。また、金銭や地位などにこだわるのでなく、魂の浄化を心掛けるように説いたのは、ソクラテスが生命の永遠を確信していたからに、ほかなりません。死んで何もなくなるのなら、生きている現在を楽しめばいいわけですから。

清い徳のある魂は、人間に生まれ変わるのでなく、神としての存在になる、死者を裁く裁判官のような存在になると信じられています。一方、そうでない欲望のままに生きた魂は、再び、欲望のままに生きることに、慣れ親しんだこの肉体にもどり、世俗にまみれた人などの生き方にもどるようになるといいます。

この部分は、仏教の話にある六道輪廻に通じるものがあります。人間は、地獄、餓鬼、畜生、修羅、人、天の境涯を、生まれては死んで、また生まれることを繰り返すのだと言われています。これを六道輪廻と言います。ただ、徳を極めた魂だけが、この六道輪廻の世界を離れられるという教説に通じるものがあります。

ソクラテスは、人の生れ変りを信じていたようですが、その理論には、面白いものがあります。

「生あるものがすべて死んでいって、いったん死ぬと、死者はその状態にとどまり、ふふたたび生きかえることがないならば、しまいには必ずや、すべてのものが死に絶えて、生きているものは何一つ無くなってしまうのではないか。なぜなら生あるものが死者以外のものから生れ、他方生あるものが次々と死んでゆくとしたら、万物が消耗されつくし、死滅してしまうのを避ける、どんな手段があるだろう？」（中略）「生きかえるということも、生きているものが死んでいるものから生れるということも、死者の魂が存在するということも、すべて事実なのだ」（同、一六八頁）

プラトンの大著、『国家』の第十章には、戦士エルの物語が記述されています。戦争で最後を遂げたエルが、荼毘に付され、燃える薪の上に横たえられていたときに、生きかえった。そしてあの世で見てきたさまざまな事柄を語った話です。

ここには、ソクラテスが語ったように、死んだ魂は、地獄なり、天国から戻ってきて、また生まれてくることが、現在の臨死体験のような状況で語られています。そこのところを抜粋して紹介すると、以下のようです。

「そのむかし、エルは戦争で最期をとげた。一〇日ののち、数々の屍体が埋葬のために収容されたとき、他の屍体はすでに腐敗していたが、エルの屍体だけは腐らずにあった。そこで彼は家まで運んで連れ帰られ、死んでから一二日目に、まさにこれから葬られようとして、野辺送りの火の薪の上に横たえられていたとき、エルは生きかえった。そして生きかえってから、彼はあの世で見てきたさまざまな事柄を語ったのである。

彼が語ったのは、次のようなことであった。——彼の魂は、身体を離れたのち、他の多くの魂とともに道を進んで行って、やがてある霊妙不可思議な場所に到着した。そこには大地に二つの穴が相並んで口をあけ、上のほうにもこれと向かい合って、天に別の二つの穴があいていた。(【図1】)

これらの天の穴と地の穴のあいだに、裁判官たちが坐っていた。彼らは、そこへやってくる者をつぎつぎと裁いては判決をくだしたのち、正しい人々に対しては、その判決の内容を示す印しを前につけたうえで、右側の、天を通って上に向かう道を行くように命じ、不正な人々に対しては、これもまたそれまでにおかしたすべての所業を示す印しをうしろにつけて、左側の下へ向かう道に行くように命じていた。

エル自身がそこへ近づいて行くと、彼らは、お前は死後の世界のことを人間たちに報

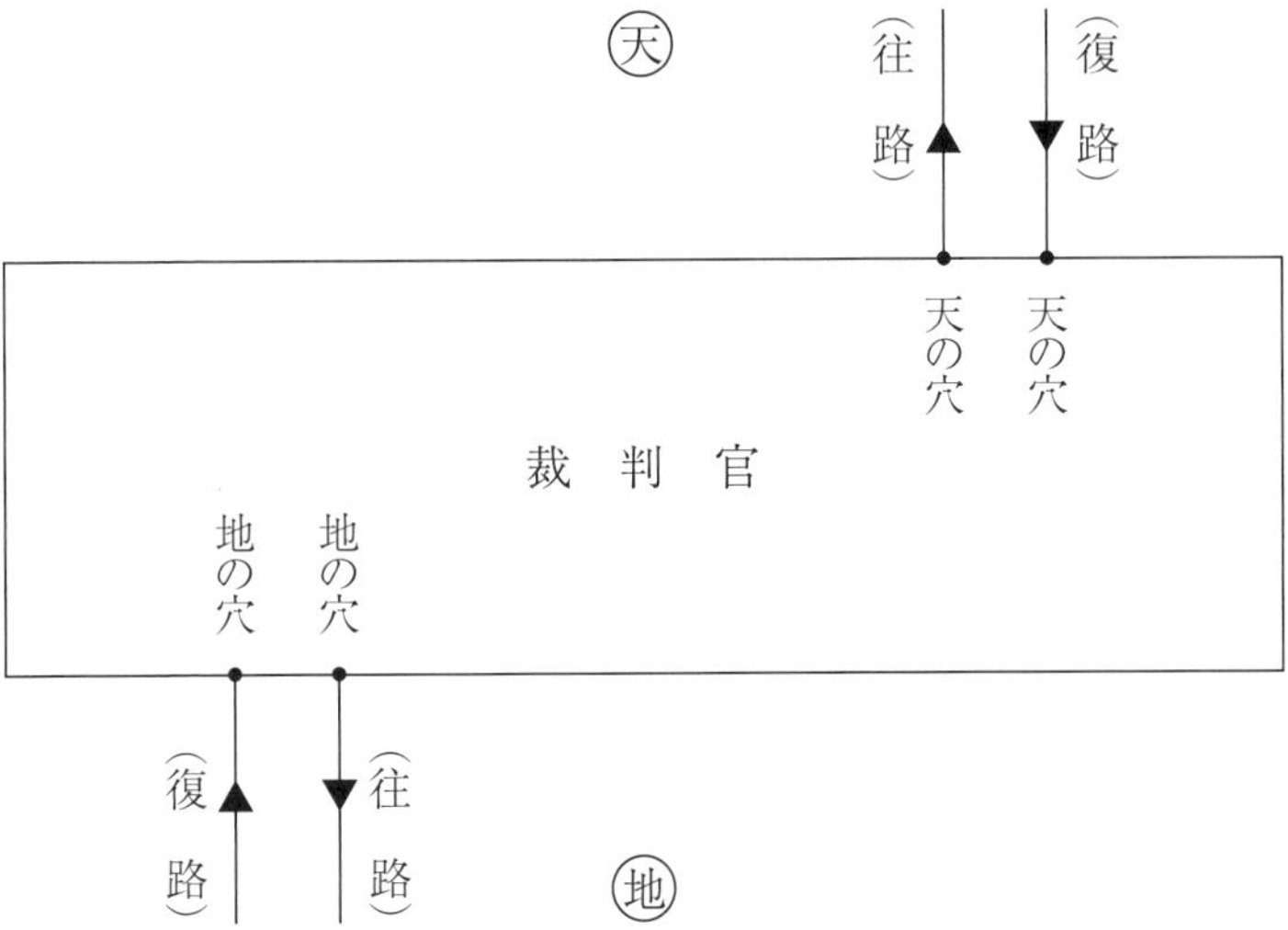

【図1】

告する者とならなければならぬから、ここで行われることをすべて残らずよく見聞きするように、と言った。

そこで彼は、一方において、魂たちが判決を受けてのち、天の穴と地の穴のそれぞれ一つの口から、そこを立ち去って行くのを見た。別の二つの穴のところでは、地の穴のほうからは、汚れと埃にまみれた魂たちが大地のなかから上ってきたし、天の穴のほうからは、別の魂たちが浄らかな姿で天から降りてくるのであった。」（『国家』下、プラトン著、三九七～三九九頁）

また、魂が新たな生を選択するには、

興味深い記述もある。

「まことに、エルの語ったところによれば、どのようにしてそれぞれの魂がみずからの生を選んだかは、見ておくだけの値打ちのある光景であった。それは、哀れみを覚えるような、そして笑い出したくなるような、そして驚かされるような観物だったのである。というのは、その選択はまずたいていの場合、前世における習慣によって左右されたからだ。

彼は見た、かつてオルペウスのものであった魂が、白鳥の生涯を選ぶのを。オルペウスの魂は、女たちに殺されたために女性族を憎み、その憎しみのあまり、女の腹にはらまれて生まれる気にはなれなかったのである。

また彼は見た、タミュラスの魂が、夜鶯《ようぐいす》の生涯を選んだのを。

また、彼は見た。白鳥が人間に生まれかわるために人間の生涯を選び、その他の音楽的な動物も同じようにしたのを。

二〇番目の籤を引き当てた魂は、ライオンの生涯を選んだ。これはかってのテラモンの子アイアスの魂であり、物の具についての判決を忘れることができず、人間として生

まれることを嫌ったのである。」（同、四一四頁）

そしてプラトンは、『国家』を次のように締めくくっている。

「もしわれわれがこの物語を信じるならば、それはまた、われわれを救うことになるだろう。そしてわれわれは、〈忘却の河〉をつつがなく渡って、魂を汚さずにすむことだろう。しかしまた、もしわれわれが、ぼくの言うところに従って、魂は不死なるものであり、ありとあらゆる悪をも善をも堪えうるものであることを信じるならば、われわれはつねに向上の道をはずれることなく、あらゆる努力をつくして正義と思慮とにいそしむようになるだろう。そうすることによって、この世に留まっているあいだも、また競技の勝利者が数々の贈物を集めてまわるように、われわれが正義の褒章を受け取るときが来てからも、われわれは自分自身とも神々とも、親しい友であることができるだろう。そしてこの世においても、われわれが物語ったかの千年の旅路においても、われわれは幸せであることができるだろう」（同、四一七〜四一八頁）

ここで語られたことは、登場人物こそギリシャ的な人ですが、死後のたどる構成は、仏教とも、第三章で記述する退行催眠で語られたこととも共通しています。

人が死んで、その人の生前の行いで、キリスト教などでも、地獄に行く人と、天国に行く人とふりわけられる場所に到達する。そして天国なり、地獄にいくのですが、エルの話では、また、それぞれ天と地から、それぞれの期間を過ごした後に、魂がこの場所に戻ってきて、次の人生を選択して、生まれかえっていく。

興味深いのは、人間が人間に生まれてくるとは限らないで、鳥や動物で生まれ変わることを選択せざるを得ない魂もいることです。仏教でも、嫉妬深い女が、来世は蛇に生まれてくるとか、暴力的な男が、どう猛な獣に生まれかわるという話もありますが共通しています。例えば、日蓮が女性信徒に与えた手紙には、以下のような文があります。

「悪積もれば地獄となる・善積もれば仏となる・女人は嫉妬かさなれば毒蛇となる」

（『日蓮大聖人御書全集』一五四七頁）

また、多くの人を死に至らしめる。または、奴隷の状態に陥れた独裁僭主たちが、仏法で説く無間地獄のような、再び生まれ帰れることのないような地の下での苦しみにあうことも記述されていて、共通しています。

いずれにしても、ギリシャ時代の人びとの意識の中には、神々の存在と、ひとの魂の生れ変りを信じる思想的な背景はあったようです。

第三節　神に救済を求める信仰

仏教において、釈迦が、仏の境地という、自己完成を目指したのに対し、釈迦滅後には、釈迦を人間ではない仏様として、釈迦如来として崇める対象にしました。釈迦の説法に出てくる、阿弥陀如来や大日如来なども崇拝の対象とし、これらの仏様に、祈って救いをもとめることが信仰の姿勢として変化していきます。寺院や僧侶に供養することで、自己の安穏が得られるなどと信じることが信仰となっていきます。

各地に、大きな仏像、寺院などが建てられ、それらの仏菩薩にお参りに行き、ご供養することで、自己の魂は救済され、福をつむことができると信じたのです。

そこには、自分以外のものが自分を救ってくれる、仏菩薩にしろ、自分以外のものが、自己の運命を助けてくれることを祈っていきます。このような信仰を、他力本願とも言いますが、人間は自分が努力するより、仏菩薩、神の加護をあてにする、弱い存在になっていきます。

これに対して、本来の仏教の教えは、自分自身が人生を生き抜いていく中で、負けない、強い生命境涯になる、これを自力本願といいますが、人間生命の向上を目指したものです。

一方、その後の主な人類の歴史においても、中東からヨーロッパでは、世界三大宗教となるあとの二つ、キリスト教、イスラム教がおこり、やがて、これらの宗教は、民族的、土俗的な信仰を席巻して、世界的な宗教へと発展していきます。

現在でも、キリスト教は、世界に約二〇億人の信者がいると言われ、世界最大の宗教です。イスラム教も世界に一六億人の信者がいると言われています。このキリスト教、イスラム教に共通しているのは、天地創造の唯一絶対神の存在を信じていることです。

このキリスト教、イスラム教などが興隆した、五世紀ごろから十五世紀ころまでを中世といい、西南アジアからヨーロッパにかけて宗教的な権威が強い時代です。

人々は、自己の誕生から、自己の身に起きる様々な出来事を神の意志によると思うようになります。人の一生は、この神にゆだねられ、人は神に救いを求めるようになっていきました。

したがって、神の意向を代弁する教会等の力が強くなり、後の歴史家の人たちは、教会等の宗教の意向が強かった、中世の時代を人間性が抑えられた時代と評価しています。

第四節　宗教が支配する時代から人間復興へ

仏教の世界では、十三世紀、日本に日蓮が誕生します。

日本では、十三世紀の鎌倉時代は、大地震や暴風雨など自然災害が相次ぎ、そのため飢饉、疫病が流行し、道端には死骸の山が見られるなど、とても悲惨な状況でした。しかも一方では、当時の中心都市である京都、鎌倉には仏閣が軒を連ね、各仏教の各宗派は興隆を極めていました。この状況に疑問を抱いた僧侶が日蓮です。

仏教の各宗派は、鎮護国家など安穏な社会の実現を唱えているのに、なぜこのような悲惨な現状がおきているのであろうか。日蓮は、その原因を調べるべく研鑽の旅にでます。

日蓮は、人間の根本をなす宗教の乱れに、天変地夭、飢饉疫病の根本原因があることを、経文のうえからも、道理の上からも、明らかにしようと心に決めていました。

そして、岩本実相寺というところで、一切経を閲覧したところ、大集経という経典に、仏法が隠没した時に起こる、天変地夭などの様相が克明に書かれてありました。それは、ことごとく、正嘉の大地震以来の世の中の姿に符合していることを発見しました。

彼は、仏教の各派の寺院が、鎌倉にあっても甍を連ね、むしろ、ますます隆昌を誇っているかに見えるが、釈迦が説こうとした真実の仏法も、その精神も、もはやそこにはなく、仏法は隠没したことがわかったのです。

なぜなら、鎌倉にある各宗派が拠り所としている釈迦の経典は、仏法上、法華経以前の教えであるからです。法華経の開経である無量義経には、「四十余年未顕真実」（四十余年には未だ真実を顕さず）とあり、釈尊の五十年の説法のうち、前の四十余年の説法は爾前権教の教えであり、真実を顕していないことが明言されています。なぜなら、法華経が生命の真実の姿、全体像を説いているのに対して、法華経以前の教えは、仮の教えであり、生命の部分観を説いたにすぎないからです。

釈迦は、人間の生命は永遠であり、因果の理法に則って、生死を繰り返していく中で、悪い宿業、運命を克服した幸福境涯の確立を目指すものと説いていました。仏法は人々が仏に救いを求める宗教ではなく、日蓮は、釈迦が法華経で示したように、釈迦自身も過去世において菩薩道を行って仏になったことから、いかに自分自身を仏の境涯に高めるかという、仏道修行の本来の姿に戻ることを主張したのです。

しかし、この日蓮の主張は、当時の社会の主要な思想とならず、時代のながれのなかで、細々と時がくるのをまつことになります。

一方、キリスト教が盛んだったヨーロッパでは、十一世紀から十三世紀に起こした十字軍の失敗から、教皇の権威は失われていきます。また、十字軍などによるイスラム文化との交流により、羅針盤や火薬などがヨーロッパに伝わり、その後の都市、商業の発達から、貨幣経済が進み、社会構造が変化していきます。やがて、宗教改革、ルネッサンスの時代を迎えます。

更に、ロック、デカルトやカントなど、経験や理性を重んじる実証主義の時代がくると、無神論者を生むとともに、キリスト教などの教義に疑問が生まれてきます。

キリスト教、イスラム教などは、かつては人間の倫理、道徳をリードしてきたのですが、儀式や宗教的な習慣、規則が現代に合わなくなってきています。

また、宇宙への探査も始まり、飛行機が空を飛んで、世界のどこの大陸にも出かけられるようになった現代において、現代人を納得させる宗教でいられるのでしょうか。

核開発、環境汚染による地球温暖化など、人類を取り巻く状況も、その対応に、世界が一致して立ち向かわざるを得ない時代になってきました。人類を一体化し、現代人が信じるにたる思想、宗教がないと人類は、このままだと生存が危なくなってきています。

歴史家のアーノルド・トインビー氏が池田大作氏と行った対談のなかで、次のように指摘しています。

「近代西欧に起源をもつ現代文明の世界的普及によって、人類はいま、歴史上初めて社会的に一体化されています。そして、現代の宗教がいずれも満足のいくものでないことがわかったため、人類の未来の宗教はいったい何なのかという疑問が生じているのです。」（『二十一世紀への対話』下、一三一～一三四頁）

宇宙ステーションに人が滞在できる時代になっても、現代人は、人間は死んだらどうなるのか、解答は得られていません。人間生命に関する理解は、どこまで進んでいるのでしょうか。改めて、問われるものです。次章では、科学的探究による生命への探求を見てみたいと思います。

第三章　現代の科学的生命の探究

キリスト教の創始者イエス・キリストやイスラム教の創始者ムハンマド（マホメット）は、預言者といわれ、神の啓示を人々に伝える人です。これらの人の教え、説は信じるしかありません。しかし、現代は、実証によって明らかにされたことでないと信じられない時代です。そして、科学的に生命の謎に迫る研究も進んでいます。以下に紹介するのは、いずれの人も仏教徒でなく、キリスト教をベースとする欧米系の研究者たちです。

第一節　医学者達の死後の研究

今日までは、人が死んだ後のことは、信仰上の課題で、触れることをむしろタブーとして、研究などしてこなかったのかも知れません。しかし、人類が宇宙にまで、活動範囲を広め、宗教上の説明にも疑問をもつようになり、改めて、生命とは何か、人は死んだらどうなるのかについて科学的な説明が求められる時が来ています。

次の二人の研究は、発表されたあと、話題になり、以後学術的にも死後の世界が研究されるようになりました。

(1) レイモンド・A・ムーディ・Jr博士

一人は、レイモンド・A・ムーディ・Jr (Raymond A. Moody. Jr) で、その著作『かいまみた死後の世界』(LIFE AFTER LIFE) は、発表されると、世に大きな衝撃を与え、いままで信仰上の問題として、敢えて触れてこなかった、死後の世界について、科学的な取組みがなされるようになりました。

ムーディ博士は、アメリカバージニア大学及び大学院で哲学博士号を取得し、その後に医学博士号も取った人です。バージニア大学で、瀕死の患者にかかわるなかで、幾つかの、共通した臨死体験の話を聞きました。そうした中で、この臨死体験の研究を進め、百五十例ほどのヒアリングを進めた後、『かいまみた死後の世界』を一九七五年に発表しました。

この本のなかで、記載されていることは、以下のような現象です。

(A) 肉体離脱体験

臨死を体験した生命は、自分自身の肉体から遊離して、トンネルのような空間を通り、光のような生命体に向かっていく。

このことを『かいまみた死後の世界』では、次のように表現しています。

「多くの人間にとっては、この物理的な肉体を離れ、ほかの場所で存在するということがいったいどんなことなのか、想像することさえ不可能なのである。

この点に関しては、わたしが面接した人々も、死の体験以前には一般の人々と全く変りなかった。だからこそ、この人々は、暗いトンネルの中を猛烈な勢いで通り抜けた後に、多くの場合、圧倒的な驚きを体験するのである。なぜならこの時点で、この人たちは、まるで『傍観者』や『そこに居合わせた第三者』のように、さもなければ『舞台』や『映画』のなかのできごとや登場人物を見ているように、自分自身の物理的な肉体を見ている自分に気づくからである。」(『かいまみた死後の世界』四八頁)

また、以下のようにも表現されています。

「この霊的肉体には重量もない、と体験者全員が報告している。すでに提示したいくつかの体験談の抜粋にもあるように、ほとんどの人が自分が天井のすぐ下を浮遊していたり、空中に浮いている自分に気づいた時、このことに気づく。多くの人が新しい肉体に関して、『浮遊しているような感じ』とか『無重力状態のような感じ』とか『漂っているような感じ』などと表現している。」(『かいまみた死後の世界』六一～六二頁)

(B) 他者との出会い

肉体離脱した魂が、空間を移動するときに、以前に亡くなった親しい人物が、迎えにくる。日本でも昔から、死が迫った数日前から、既に亡くなっている肉親などが迎えにあらわれてくるという言い伝えもあります。

興味深いのは、これらの出会いのなかで、守護霊のような存在に出会ったことを語る人もいる。『かいまみた死後の世界』では、次のように記載されています。

「死に瀕している人が味わう孤独感は、死後の世界にさらに深く踏み込んで行くにつれて、間もなく一掃される。というのは、ある点に達すると、この体験をしている人を援助するために誰かが現れるからである。霊魂の形をとっている場合もあるし、既に死亡した親類縁者とか、生前親しかった友人である場合も多い。わたしが面接して得た事例には、非常に特殊なある霊的生命が出現したという報告が大変に多い。」（『かいまみた死後の世界』七四頁）

「死後の世界へ移行しているある時点で——死の体験の初期、あるいは、いくつかのできごとが生じた後にはじめて——自分のそばに自分以外の霊的生命がいることに気づいたと報告している人がかなりいる。そうした霊的生命がそばにいるのは、死につつある人間が死後の世界へ容易に移行できるようにするためであることは明らかである。」（同、七四〜七五頁）

また、以下のような記述もあります。

「体験者の中には、ごくわずかだが、自分が出会ったのは自分の〝守護霊〟だと信じている人もいる。ある男性はそのような精霊から、『わたしは、あなたが生きていた時ずっとあなたの手助けをしてきたが、今後はあなたを他のものにゆだねます』と言われたと報告している。また、ある女性は、物理的肉体を離れている間に、自分とは別の二人の霊的生命がいることに気づいた。それに、二人は貴方の〝霊的援助者〟だと名乗っ

たと報告している。」（『かいまみた死後の世界』七七頁）

生命を解き明かした日蓮仏法については、第四章に記載しますが、日蓮が残した書の中にはつぎのような一節があります。

「人の身には同生同名と申す二つの使いを天生る時よりつけさせ給いて影の身にしたがふごとく須臾も・はなれず、大罪・小罪・大功徳・小功徳すこしも・おとさず・かはる・かはる天にのぼて申し候と仏説き給う」（『日蓮大聖人御書全集』一一一五頁）

守護霊の話と一致するところです。

(C) 光の生命

人が死んだ後に出会う不思議な現象に、非常に明るい光の生命との出会いがあるらしい。死後の魂が、向かっていく、光の生命について、『かいまみた死後の世界』では、次のように記述されています。

「わたしが研究した事例に共通する各要素の中で、最も信じ難く、同時に体験者に対してまぎれもなく絶大な影響を与えているのは、非常に明るい光との出会いである。ほとんどの場合に、この光は出現した当座はぼんやりしているが、急速に輝きを増していき、超自然的な輝きとなる。この光は説明しがたいほどの輝きを見せるのだが（多くの場合、白あるいは〝明るい〟光といわれている）、この光で目を痛めたり、まぶしく感じたり、周囲の物を見る妨げになるようなことは全然なかったという点を、多くの体験者が特に指摘している（まぶしく感じないのは、この時点における彼らに、物理的な〝目〟が備わっていないためだと思われる）。

しかし、異常な形で出現するにもかかわらず、この光が生命であること、光の生命であることに、多少なりとも疑いを抱く人はひとりもいない。この光は単に人格を備えた生命であるばかりでなく、極めて明確な個性を持っている。死へ接近している人に対してこの生命から発散される愛と温情は、ことばでは到底説明しきれないものであり、彼らはこの光の生命に完全に包み込まれ、保護されていることを感じとり、すっかりくつろぎ、この生命の存在を受け入れる。彼らは、この光に抗し難い磁力を感じ、吸い寄せられるように引きつけられる。」（『かいまみた死後の世界』七九〜八〇頁）

(D) フラッシュバック

死に向かう魂が共通して体験するものに、その人の全生涯を一瞬にして映し出してみせるフラッシュバックを体験してます。同じく、この部分の『かいまみた死後の世界』の記述で紹介すると以下のようです。

「光の生命の出現と、ことばを介さずに行われる質問は、非常に凝縮された一瞬に至る序奏にすぎない。その凝縮された一瞬のうちに、光の生命は、死の世界を体験している人間自身の全生涯をパノラマのように映し出して見せる。多くの事例から判断して光の生命は、死後の世界を体験している人間の全生涯を手にとるように見ることができ、あらためて情報を必要としていないことは明らかである。光の生命の目的は、死後の世界にふみこみつつある人間をその全生涯に関する省察にいざなうことにつきている。」(中略)

「この省察は、一瞬のうちに終了してしまうにもかかわらず、信じ難いほど鮮明でリアルだったと報告されているし、ほぼ例外なく、映像で示されたという。」(『かいまみた死後の世界』八六~八七頁)

この光の生命のもとで経験するフラッシュバックには、人生において、他人を愛することと知識を身につけることの二つが重要であると思い知らされるらしい。ホイットン博士のところにきた体験者の報告を引用すると、少し長い引用になりますが、以下のようです。「光はあらわれると、まず最初に『あなたが生涯に行ったことで、わたしに見せようと思うのはどんなことか？』と言いました。多少違うとしても、大体こんな意味の質問でした。その時です。フラッシュバックが始まったのです。『何が始まったのかしら？』と思いました。というのは、わたしは突然、子供時代に戻っていたからです。それからは、ごく幼かった時代から一年ずつ経て、現在まで歩き続けているような感じでした。

フラッシュバックの出発点がとても変わっていました。わたしは小さな女の子で、家の近くにあった小川で遊んでいるのです。ほぼその当時の他の情景も映し出されていました。姉といっしょに体験したことや、近所の人々に関すること、わたしが行ったことがある実在の場所などです。つぎに、わたしは幼稚園にいました。わたしは当時、とても気に入っていたおもちゃを持っていたことを思い出しました。そのおもちゃをこわしてしまい、長い間泣いたものでした。とてもつらい体験だったのです。わたしの生涯が、つぎつぎに映像となって映し出されました。わたしはガール・スカウトに所属していて、キャンプへ行った時のことを思い出しました。小学校に通っていた当時のこともいろいろ思い出しました。つぎは中学校の時のことで、当時、学業優等生に選ばれるのは大変名誉なことだったのですが、わたしは自分が学業優等生に選ばれた時のことを思い出しました。やがて中学を終え、高校に入学し、卒業して、大学での最初の二、三年を経て、あの時の自分にまでたどりつきました。

つぎつぎに映しだされた過去のできごとは、わたしのそれまでの人生の時間的順序に従っており、とても鮮明でした。まるで自分が映像の外に抜け出してそれを見ているような感じで、映像は完全に立体的でカラーでした。それに、あの映像は映画のように動くのです。たとえば、おもちゃを壊している幼い頃の自分の姿を見ていた時、すべての動きを見ることができました。あのとき私がおかれていた場所から映像を見ていたような感じはしませんでした。自分が見ている少女は誰か他人のようで、映画の登場人物か、運動場で遊んでいる見知らぬ子供たちに混じっている少女のような感じでした。でも、その少女はわたし自身だったのです。子供のわたしがいろいろなことをしている様子を、わたしが見ていたのです。しかも、映し出されることはすべて、過去にわたしがやったことと寸分違わないことばかりなのです。どれもみな、わたしには覚えのあることばかりでした。

ところで、フラッシュバックをたどっていた時には、現実にあの光を見ていたわけではありません。あの光は、わたしが行ったことを尋ねると同時に姿を消しました。そしてフラッシュバックが始まったのです。でも、あの光がずっとわたしのそばにいたこと、それにあの光がわたしにフラッシュバックをたどらせているのだ、ということは判っていました。あの光がそこにいるのを感じていたし、あの光は時々コメントを加えたからです。あの光は、フラッシュバックの一コマごとに何かを示そうとしていましたが、わたしが行ったことを確認しようとしていたようには思えませんでした。あの光はすべてを知っていたのです。でも、わたしの生涯におけるいくつかのできごとをフラッシュバックとして取り上げ、わたしが思い出さずにはいられないように目の前に提示してくれていたのです。

その間ずっと、あの光は愛の重要性を強調していました。あの光が最大の愛を示したのは、姉も登場するいくつかの場面でした。わたしはいつも姉にくっついていたのです。わたしが姉に対してわがままに振舞ったできごとをいくつか見せ、その後で、わたしが姉に対して心からの愛情を示し、姉と愛を分かち合っているできごとも同じ数だけ示しました。あの光は、他人のために何かを行うように、最善を尽くすように、務めなさいと指摘しました。でも、とがめているような感じは、まったくありませんでした。あの光は、わたしが身勝手な振舞いをしている場面に目をとめても、わたしがそうした場面からも何かを学び取るだろうという態度を示しただけでした。

あの光は、知識に関することにも強い関心をよせているようでした。知識を必要とするさまざまなことを指摘し続けていたし、あなたはこれからも勉強を続けることになる、たとえわたしが、あなたのために再び戻って来る時でも（この頃までに、あの光はわたしに、あなたは現世に戻って行くことになると言っていたからです）、常に知識の追求を行わなければならないと言いました。あの光は、知識の追求は絶えず行われるものだともいいました。それでわたしは、知識の追求は死後も続くのだな、と思いました。あの光はわたしと一緒にあのフラッシュバックをたどりながら、教えさとそうとしようとしていたのだと思います。
すべてがとても奇妙でした。わたしはあそこにいて、紛れもなくあのフラッシュバックを見ていたのです。それも、ものすごい速度のフラッシュバックでした。それなのに、すべての場面を十分理解できました。しかしたいして時間はかかりませんでした。長くかかったとは思っていません。あの光が出現し、わたしがフラッシュバックをたどり、そして再び光が出現した、そんな感じでした。五分とはかからなかったように思います。十秒以下ということはないでしょうが。でも、本当のところは判りません。
恐ろしいと思ったのは、このまま一生を終えることはできそうもないと考えた時だけでした。でも、わたしはあのフラッシュバックを心楽しくたどりました。とても楽しかった。わたしは子供時代に戻って、楽しい思い出をしたのです。再び子供に帰ったような感じがしました。子供時代に戻り、子供時代の自分の姿を見るなんて、普通だったら絶対できないことですわ。」（同、八八～九二頁）
この物理的な肉体を抜け出ている間に体験者が目撃したことは、相当程度まで確認できるという。つぎのような報告もあります。

「事故にあった後で目を醒ますと、父がそばにいました。わたしは、自分の肉体の姿形、容態、医者の判断などは、知りたいとは思いませんでした。自分が体験したことを話したかっただけです。わたしは、自分の体をビルから引っぱり出してくれた人のことを父に話しました。その人がどんな色の服をきていたか、どうやってわたしを救出したか、事故現場の周囲で人々が話していた会話の内容さえも話しました。すると父は『うん、そうだ、おまえのいう通りだよ』と言いました。でもその間ずっと、わたしの肉体は物理的に意識を失っていたのだから、わたしが物理的な肉体を抜け出さない限り、このようなことを見たりきいたりできるはずがないのです。」（同、一三四〜一三五頁）

一九八八年にレイモンド・ムーディ博士は、『かいまみた死後の世界』を発表後、様々な批判、反論に応える著作、『光の彼方に』（The LIGHT BEYOND）を発表しました。この中で、ムーディ博士が述べていることは、臨死体験に関して、批判する側から、よく言われることは、一種の精神病ではないかとみられることです。

「これまで私が面接した体験者の多くは、自分の体験を無視するよう医師に指示されたことを話してくれた。臨死体験は悪い夢だから忘れなさい、と断言した医師はましなほうであった。ひどい場合には、それは一種の精神病だから、心理療法を受けるか、精神病院へ行くかしたほうがよいと言われていた。臨死体験が気分を高揚させてくれる好ましい体験として話題にのぼっていたのではないか、などと気を回して考える必要はない。医療専門家の多くにとって、臨死体験は、精神障害の徴候なのである。」（『光の彼方に』一三二頁）

そして、ムーディ博士は、精神病患者の特徴である、

●妄想　他人の説得によっては揺るがない、自分はナポレオンであると思い込むような誤った信念

●幻覚　存在しない人間や物品を見る。

●連合弛緩　支離滅裂で、しばしば理解不能な無関係の思考に次々と飛躍する状態

以上の三点をあげたうえで、臨死体験者の語るはっきりした、秩序だった話の違いを説明しています。

「分裂病患者の場合、社会的能力が『悪化の一途をたどる』可能性が高いのに対し、臨死体験者の場合には、自分を取り巻く世界の中で、これまで以上に自らの役割を果たす

ようになる。そして、臨死体験者は、体験中に〝光の神〟に出会ったかもしれないが、そのために自分がナポレオンや神であるとは思わない。臨死体験は、実際に起こり、終わりがあり、本人の人生に前向きの影響を与える首尾一貫した体験である。それに対して分裂病は、全生涯にわたることもあるほど長期間続くものであり、首尾一貫しない体験から成り、次第に本人を衰退させていくものである。」（同、一二七頁）

また、博士は、この著書で子供の臨死体験者を紹介しています。子供の場合には、生死や来世についてほとんど考えていないし、大人の考えに染まっていないので、何か文化的な潜在意識を語っているのではないかという疑問に答えることになるというのです。

「子供の臨死体験は、成人の体験に比較して、死後の生命が実在することを裏付けるより強力な証拠となる。その理由は容易に理解できる。成人の場合は、日常生活の中で経験したことや、無数の宗教的信仰によって影響を受けたり形作られたりする時間が、子供の場合よりも長い。

それに対して子供は、ある意味で初めてその体験に出会う、子供たちは、自分たちを急速に取り巻きつつある文化的な要素に強い影響を受けるだけの時間を、まだこの世で送っていないのである。

しかし、臨床的に考えた場合、子供の臨死体験で最も重要なのは、『死後の世界』をかいま見たということであり、それがその後の人生にどのような影響を与えるかということである。こうした子供たちは、他の子供たちよりも幸せそうであり、頼もしくもある。このような事実は、臨死体験が人間の人生を前向きに変えるものであることを裏付ける、より強力な証拠になっているのである。」（同、九七～九八頁）

(2) エリザベス・キューブラー・ロス博士

もうひとり、この方面の有名な人物をあげるとすると、スイス生まれの、シカゴ大学医学部教授であった、エリザベス・キューブラー・ロス（Elisabeth Kubler・Ross）博士がいます。彼女は、末期患者の精神科医として、特に、子供の末期患者に連れ添ってきましたが、そのうちに、生命の永遠を知るようになり、自分でも、臨死体験をして、死後の生命を確信するようになりました。彼女は、世界中で、講演をし、セミナー、ワークショップを開催してきましたが、彼女の講演をまとめた『「死ぬ瞬間」と臨死体験』（DEATH IS OF

VITAL IMPORTANCE）という本があります。その中で、つぎのように、彼女の臨死体験を紹介しています。

「私どもの調査は、『体の外への旅』や『遠い旅』の著者、ロバート・モンローの協力を得て、実験的に証明されました。私自身、自然発生的な肉体離脱体験だけでなく、モンローが監修した、実験室で誘発された肉体離脱体験もしています。私の体験は、トーピカにあるメニンガー財団の研究者たちによって観察され、報告されています。そういう実験をする科学者は、いまではますます増えています。それによって、肉体離脱体験がじゅうぶん証明できる現象であることがわかりました。当然のことですが、科学者たちは、生に対する現在のような三次元的な研究方法ではとらえることがむずかしい、ある次元を、いろいろな角度から研究しています。

守護霊や守護天使についても、また死の世界への移行に際して、愛してくれる人、たとえば先に死んだ家族などが出迎えてくれるという現象についても、研究されています。問題はやはり、これほど頻繁に見られる現象だけれど、それを、どうしたらより科学的に証明できるかということです。」（『「死ぬ瞬間」と臨死体験』一六二頁）

彼女の研究での分析は、レイモンド・ムーディ博士の死後の説明に照らして食い違いはありません。彼女は以下のように説明しています。

「私たちを出迎えてくれるのは、先に死んだ、私たちがいちばん愛していた人たちです。その、私たちが愛していた人たち、そして守護霊や守護天使に迎えられた私たちは、象徴的な場所を通過します。その場所はしばしばトンネルとか川とか門という形で描写されます。人はそれぞれ、自分がいちばんふさわしいと思う象徴を選びます。私自身の体験では、その場所は野花の咲き乱れる山道でした。理由は単純です。私の思い描く天国には山があり、花があるからです。何しろ私はスイスで幼年時代を過ごしましたから。どんな場所を通ってあの世へ行くかは、その人の育った文化によって決まるのです。

トンネルなど、人それぞれにとってふさわしい形の、この視覚的に美しい場所を通り抜けると、私たちは、私の患者の多くが語ってくれた、光の源に近づきます。私自身も体験しました。それは『宇宙意識』とでも呼ぶべき、信じられないほど美しい、忘れることのできない、人生を変えてしまうような体験でした。

私たち西洋人はこの光を『キリスト』とか、『神』とか『愛』とか『光』と呼びますが、その光の前に立ったとき、私たちは全体的・絶対的な無条件の愛・理解・共感に包まれます。この光は、物理的エネルギーではなく、霊的エネルギーの源です。人間にはこの霊的エネルギーや心的エネルギーを使うことも操作することもできません。それは、マイナスの感情がひとかけらもない存在領域のエネルギーなのです。つまり、現世にいたときに私たちがどんなに悪く、どんなに大きな罪悪感を抱いていようと、その世界にはマイナスの感情はいっさいないのです。しかも、『キリスト』とか『神』と呼ばれるこの光に裁かれることも絶対にありません。なぜなら、それは絶対的・全体的な無条件の愛なのですから。

人生を振り返る

その光につつまれて、私たちは自分の可能性、つまり、自分はどんなものになりうるか、自分の人生はどんなものになりうる可能性があったか、を知ります。そしてその光のなかで、共感と愛と理解に包まれて、私たちは自分の存在の全体を振り返り、評価をあたえます。もう私たちはいわゆる精神にも、肉体としての脳にも、狭くて窮屈な体にもつながっていないので、あらゆる知識と理解を手に入れます。そうして、自分の人生のすべての思考、言葉、おこないを振り返らなくてはなりません。それと同時に、それらがほかの人びとにどれほど影響をあたえたかを知らされます。

この霊的エネルギーの世界では、私たちはもはや物理的・肉体的な形をとる必要はありません。さらに、肉体に似せた仮の霊的な肉体をも脱ぎ捨てて、生まれる前と同じ形になります。別の形で生まれ変わるまでは、永遠にこの形でいるのです。そして運命をまっとうしたとき、この形で『源』あるいは『神』と合体するのです。

重要なのは、私たちは存在のはじめから、神に帰るまで、いつも同一性を保ち、自分だけのエネルギーパターンを保つということです。この宇宙の、この地球上にいる、そして、さえぎるもののない世界にいる、何十億という人間のうちに、二つと同じエネルギーパターンはありませんし、同じ人間というのはいません。そっくりの双子でさえちがいます。

造物主の偉大さを疑う人は、たがいにすべて異なる何十億ものエネルギーパターンを作り出すには、どれほどの才能と労力が必要か、それを考えてみればいいのです。人間は一人ひとり全部ちがいます。この奇跡に匹敵しうるのは、空から降ってくる雪のかけらの形くらいのものでしょう。

幸いなことに私は、たがいに異なる何百というエネルギーパターンを日中でも肉眼で見ることができる、という特異な才能に恵まれました。それは、空からはらはらと降ってくる雪に似ています。雪のかけらは一つひとつ、色も形も光り具合もみなちがいます。私たちも、死んだ後はそういうふうに見えるのです。生まれる前も、そういう形で存在していたのです。まったく場所をとりませんし、星から星へ、地球から別の銀河系へ行くのも一瞬です。そのエネルギーパターン、その存在は、いま生きている私たちの身辺にもあるのです。もしそれが目に見えたなら、私たちはいつ何時でもけっして一人ではないということがわかるでしょう。私たちは、私たちを愛し、導き、保護してくれる存在に囲まれています。それらの存在が、運命をまっとうするには、どの方向へ進めばいいのかを、教えてくれるのです。」（『「死ぬ瞬間」と臨死体験』一七三〜一七六頁）

プラトンの記述したエルの物語も臨死体験でしょうし、このような臨死体験をした人は、意外と数多くいます。最近では、YouTubeで、脳神経外科エベン・アレクサンダー医師の体験が話題になっています。このエベン・アレクサンダー医師の体験が話題になるのは、今まで、死後の臨死体験者の記憶を、何かの幻覚であると主張してきたのは、エベン・アレクサンダー医師も含めて、脳神経外科医の人たちでした。その脳神経外科医であったエベン・アレクサンダー医師が、自分の体験したことは、昏睡中にみたものは、決して幻覚などではなく、死後の世界でしかありえないとした主張が、全米で話題になっているのです。（YouTube【衝撃真実】死後の世界は１００％存在した！　アンビリーバボー）

今後、ますます研究が進んで、死後の世界の存在が明らかになっていくのではないでしょうか。

第二節　精神科医の生前の研究

第一節で記述しましたが、死後の世界は、肉体離脱などの臨死体験について古代から、いろいろ語られてきました。しかし、現代は生まれる前の人間生命の状態を研究する活動も盛んになってきています。

クルを卒業した人たちらしい。その人たちは目の前の人物に関して知るべきことは何でも直感的に知り、その人が終えてきたばかりの人生を評価するのを助けてくれ、次の生まれ変わる人生について、こうしなさいと忠告を与え、教えてくれる。

人生に試練がつきものなのは、魂が成長していくためには、試練や困難があって、それを乗り越えることによって達成できるからです。

『輪廻転生』には、次のように記載されています。

「大きな困難を克服するのに何回も失敗した人々は、その難題をきちんと果たすまで、おなじ状況に身を置くよう裁判官たちに促されたという。自殺した人は、中間世で不安感にとらわれることがよくある。彼らは自分たちが未熟のままこの世に別れをつげる原因となった苦しみの段階に、また戻らなければならないと知っているのだ。ある被験者は栄養学の博士号をとるため勉強中だったが、その前世を調べたところ、過去二千年ものあいだずっと孤独に耐えることができないでいた。今生でもこの女性は自分の息子に過度に頼るようになり、息子が大学に入るので家を出たときには神経衰弱の一歩手前までいった。超意識からわかったことは、またもや彼女は自分の課したテストに失敗したので、この弱さを征服することを学ぶまで同じような状況をつくりだしつづけねばならない、ということだった。

この世での人生が進行中であっても、計画をすっかり変更することができる。スティーヴ・ローガンという被験者がその一例である。彼は若いころ父を極端に毛嫌いしており、父の病が重いというのにめったにマイアミの老人ホームを訪問してやらなかった。だがあるとき、何となく父のことが気になって父を訪ねていった。老人ホームに着くと、父は重体で各種の生命維持装置につながれていた。

まくらもとに立ったスティーブがみたのは、人工呼吸装置のチューブが外れて息ができず苦しんでいる父の姿だった。この状況に置かれて、スティーブはジレンマにおちいった。命を助けるために看護婦を呼ぶこともできるが、見てみぬふりをして父を死なせることもできる。一瞬思案したが、彼は大声で看護婦を呼びながら部屋をとびだし、看護婦は無事チューブをもとの位置にもどしたのだった。

何年かのち二十九歳になったスティーブは、オレゴン州のちいさな町で自転車に乗っていて、ひどい事故にあった。横からトラックにはねられたのだが、好運にも大腿骨骨てくるのは、子供のほうです。

それから、人は転生を繰り返すなかで、男にも女にも生まれてきて、そのどちらの性で生まれるかは、その人の状況と、次の人生を計画する中で決めていくようです。

「計画は作成ずみかもしれないが、それを遂行せねばならないわけではないのだ。それでは、私たちが中間世で決めたことに対して忠実であるかどうか、人生の途中でわかるだろうか。答えは心の内から出てくるはずだ。カルマの台本どおり生きぬいている人とか、台本以上のことまでもしてきた人々は、人生はしかるべく展開しているのだ、と心に感じる。計画を逸脱してしまった人々にしてみれば、何事も意のままにならないように感じられる。混沌が支配するのだ。スポットライトの下へと足を踏みだしはしたが、おろかにも自分のせりふを思い出せなくなってしまった役者のように、彼らは人生というドラマが展開してもその場しのぎの芝居をやるしかない。ところが、良運と悪運とのあいだ、人生の台本づくりの立場と即興芝居をする役者として舞台をつとめる立場のあいだに、成り行きまかせの状態に置かれたように見える人々もいる。この人たちには計

画はあっても、いくらでも即興を演じてもいいことになっている。」（同、七二〜七三頁）

「死とはまさに帰郷、すなわち闘いと苦しみから戻って憩う休息期間であり、誕生は熾烈な新しい仕事の第一日目だ、ということが超意識から明らかになっている。この世の試練を熱心に待ちのぞむ者もあるが、時間と空間のないバルトを捨てて物質界の拘束をうけるのに気が進まない者がほとんどである。

当然、この世への帰還を人一倍いやがる者もでてくる。ある男は、古代ギリシアで年端もいかない少年たちを働かせて虐待したことがあった。その彼は、こんどは自分が同性愛者としてこの世に戻って虐待を受けるのに怖れをなし、『男の慰み者になるだって！　それだけはかんべんしてくれ……』とトランス状態で悲鳴をあげた。

のちに彼はこう語っている。

『あの身体に入っていくしかありませんでした。裁判官たちの助言でいやいやながら選んだのであって、選んだからには最後までやりとげねばならなかった。せきたてられたような気がします。』

そう長く転生をこばみつづけることはできないようだ。この被験者が証言したように、ゆくゆくは宇宙的な圧力が蓄積し、魂を物理的肉体におしこんでその歩みを再開するよう強要するのだ。

肉体に宿らないでいる期間がどの程度の長さになるかは、人により、また生涯によりかなり開きがある。ホイットン博士の被験者たちの場合、死んでからつぎの転生まで最短十ヵ月、もっとも長いもので八百年以上におよぶ。中間世の平均滞在期間――四十年ほど――は過去数百年の間に確実に縮まってきている。昔の世界では世紀から世紀への地球の変化はほとんどなく、今日ほど転生の誘因も多くはなかった。あたかも変革がいつぐ現代の世界が、この世の新しい体験をずっと待ちのぞんできた者たちを誘い込むため、肉体を脱している期間が短くなってきているように思われる。このことから世界的な人口増加もうまく説明できるのではなかろうか。ホイットン博士の被験者のうち何人かは、第二次大戦中に死んで、まもなく転生してベビーブーム世代に加わったという。」（同、七四〜七六頁）

人は、転生を繰り返していくようですが、転生を繰り返してどうなるのでしょうか。また、なんのために繰り返し生まれてくることになるのでしょうか。少しわかってきたことは、人は自己完成を目指し、自己自身の境涯を高めていくために生まれかわるのだということです。仏教徒が修行して励んできたような成仏を目指すということでしょうか。キリスト教やイスラム教の人たちには、転生を信じないのですから、生まれ変わりを繰り返して、自分自身の命を向上させていくということは考えられないと思います。

ところが、ホイットン博士の分析では、人間は、生命の発展段階がいくつかあって、その発展段階、境涯といった方が良いのかも知れませんが、その各々の段階で、人生の興味も考え方も違います。確かに、人間社会をみても、繁華街で夜の商売などをいとなんで暮らす人、サラリーマン、学者研究者、グローバルな企業で世界を飛び回り働く人、医者など、人さまざまで、その生き方も違いがあります。

生命の発展段階を、以下のように分けて記述しています。

「中間世にいるときには、高次の目的はすぐにわかる。ところがこの世において定められた目的を全うしようと探求していく場合、そのあらわれ方は、幾多の生涯にわたっての『魂の探求』という形で、つぎのように五つの段階を経て徐々に進んでいくように思われる。

1　唯物論の段階　物質的な幸福を追い求め、肉体的快楽の熱望に支配された状態。他人の感情にはほとんど関心がなく哲学的目標は皆無にひとしい。死後のことや、いかなる種類の究極の力も認めない。

2　迷信の段階　自分自身より偉大な力や実在があることにはじめて気づく。この全能の力について実質的には何も知らない。どうやらお守りや儀式などでしか制御できないものがあるらしいと認めている。相変わらず唯物論的な生き方が支配的である。

3　根本主義の段階　神とか全能なるものについて、単純で迷信的で型にはまった考え方をし、それが生活の基盤となっている。儀式につきもののお祈りや、ある態度や行動を実践すれば、究極の報い——天国とか死後の地位——が保証されると信じている。

（中略）

4　哲学の段階　自己の責任に目覚めたばかりの段階。宗教的信念を持ちつづけてはいるが、教義に依存するだけでは不十分だという認識がある。この段階の特徴は、生命を尊重し他人の信念に対して寛容であり、既成宗教の教義を深く理解していることである。

5　『迫害』の段階　人生の隠された意味とは何かを理解したいという強い願いから生じる、内なる緊張と怒りが頭をもたげる。存在の深い意味と目的に気づくが、どうすればそのような知識を得られるのか、はっきり確信がもてない。答えを探求するために広く本を読み、研鑽を深め、各種の神秘学や形而上学研究のグループに加わったりすることが多い。『迫害』の名称はキリストの山上の垂訓、『義のために迫害される人は幸せである』（『マタイの福音書』からとった）」（同、一一一〜一一三頁）

このような生命の発展段階を認識することによって、どうしたら人間生命を発展させられるのかを説いた宗教・哲学の必要性が改めて求められると思います。

(2)　ブライアン・L・ワイス博士

実際にこの退行催眠で、被験者の精神的障害を取り除いた事例を報告した本があります。ブライアン・L・ワイス（Brian L. Weiss）氏が書いた『前世療法』（MANY LIVES MANY MASTERS）という本です。ワイス氏は、アメリカ　マイアミ大学付属病院の精神科部長で、この本に出てくる被験者もワイス氏も、キリスト教徒で、人間の輪廻転生などは信じない、死ねばカトリックの教えのままに、人は天国に行くか地獄に行かねばならないかの最後の審判を受けるだけと思っていました。

精神科医の人は、患者に忘れている記憶を思い出させるための手法として、催眠をつかうことが良くあるそうです。催眠は一つの治療法として、催眠療法として確立しています。

ワイス教授が、訪れた被験者の精神的外傷（トラウマ）の原因を探るべく、幼いころの記憶を呼び覚ますセッションを行っているうちに、ある時、「あなたの症状の原因となった時まで戻りなさい」と指示を与えたら、被験者が紀元前一八六三年の時の自分の状況を語りだしました。即座には、何が起こったのか、ワイス教授も理解できなかったようですが、セッションを繰り返すなかで、明らかに前世の時の記憶を呼び起こしていることだと確信するようになりました。そして、その前世の記憶を呼び覚ますなかで、被験者のトラウマが解消されていきました。このため、教授は、人には、前世があり、輪廻転生を繰り返していることを信じざるを得なくなりました。

ワイス教授の『前世療法』で、興味深いのは、精霊、マスターズとのやり取りです。このマスター達があらわれるのは、被験者が中間世に魂が移行した時だけです。このマスター達は、現在は肉体に宿っていない進化した精霊達で、ワイス教授のこの患者とのセッションの中で、被験者の口を通じて、いろいろな情報を提供してくれています。このマスターとの交信には、『前世療法』で以下のような記述があるので、紹介します。

「突然、彼女の声が大きなしわがれ声に変わった。詩人のマスターではない最初に出てきたマスターが話しはじめた。

『お前が思っているとおり、催眠療法は肉体を持っている者に対する正しい療法だ。被験者達の恐怖心を取り除かねばならぬ。恐怖があると、エネルギーを浪費してしまうからだ。恐怖はこの世で成就しなければならぬ使命の達成を妨げるからだ。周囲の状況から手がかりを得よ。催眠療法を行う場合、最初に非常に深いレベルにもってゆくことが大切だ。そのレベルに入ると肉体を感じなくなるレベルだ。そこでやっとお前は彼ら自身に達することができるのだ。問題があるのは……表面の部分だけである。魂の奥底、思いの生まれる所、そこが、お前が達しなければならない場所なのだ』

『エネルギーだ。……すべてはエネルギーなのだ。あまりに多くのエネルギーが無駄に使われている。山の奥深くに入れば静寂がある。ものの中心は平穏である。しかし表面は問題のある場所だ。人間には表面しか見えない。しかしお前はもっと深く入ってゆくことができる。お前は火山を見なければならない。そうするためには中へ深く入ってゆかねばならぬのだ』

『肉体の中にいるのが異例なことなのだ。霊的な状態にいるのが、自然なのだ。肉体に送り返されるのは、あたかも未知の世界へ送り返されるようなものだ。それには時間がかかる。霊的な世界で待たなくてはならない。待っているうちに、再生されるのだ。再生の次元がある。それは他の次元と同じように一つの次元である。お前はこの世で、ほとんど、それと同じような状態に到達しつつある……』

私は驚いた。どのようにして再生の状態に達することができるというのだろう。

『この私が、ほとんどそのような状態に到達しているのですか？』。私は信じられない思いできいた。

『そのとおりだ。お前は他の人に比べてずっと多くを知っている。そして人よりも、もっと深く理解している。他の人達に対して忍耐強くあれ。他の人はお前のようには知らないのだ。マスター達がお前を助けるために送られるであろう。お前が今行っていることは正しい……。そのまま続けるがよい。このエネルギーを無駄にしてはならぬ。恐れを捨てよ。そうすれば、お前の最大の武器になるだろう……』

マスターはそう言うと沈黙した。私はこの信じられないようなメッセージの意味を考えていた。私はキャサリン（筆者注＝被験者の名前）の恐怖を取り除くことには成功したと思っている。しかし、このメッセージはもっと深遠で広い意味をもっていた。単に催眠術が治療法として有効だということを確認しているだけではなかった。過去世への退行は一般の人、一人ひとりに試みてみることは不可能だ。このメッセージは、それ以上の事柄を含んでいた。これは人間の心の奥底にひそんでいる死の恐怖に関する問題だと思った。死の恐怖、どんな富や権力をもってしても消しがたい隠された、たえまない恐怖、これが問題の核心なのだ。もし人間が、生命には終わりがない、すなわち私達には死も誕生も本当はないのだとわかれば、この恐怖は消えるのではないのだろうか。私達が肉体をもってこの世に存在している時は、精霊達がいつもまわりにいて助けていてくれることや、死んでから霊的な世界で、亡くなった愛する者やその他の精霊達の仲間入りをすることを知ったなら、私達はどれほどなぐさめられることだろう。もし、人々が守護霊の存在を本当に知ったなら、どんなに安心することだろう。もし人に対して暴力をふるったり、他人に対して不正を働いたりしたら、そのままですまされることではなく、その先の転生でいつかそれをかえさなければならないと知ったなら、人は怒ったり、復讐したいと思ったりすることがどんなに少なくなることだろう。そして本当に『知ることによって神に近づく』のであれば、富も権力も、神へ近づく手段としてではなく、それ自体が目的となった時には、一体、何の役に立つのだろうか？　いずれにしても、物欲や権力欲には何の価値もないのだ。」（『前世療法』一三六〜一三九頁）

また、次のような記述もあり、興味深いことです。

「我々は支払わなければならないカルマを負っている。もし今生でこのカルマを支払わなければ、次の人生に持ち越すことになる。いつかは支払わなければならないからだ。カルマを支払うことによって我々は成長するのだ。ある魂は他の魂より成長が早い。人は肉体を持った時にだけしかカルマを返すことができない。もし何かがそのカルマを返すことを妨げると、お前は『内省の界層』へ戻らなければならない。そこでカルマを負った相手が会いに来るまで待つことになる。二つの魂が同時期に物質界に戻ることができる時に、お前達は戻ることが許されるのだ。しかし、戻る時期は自分達で決めなければならない。また、カルマを返すためにすべきことを決めて生まれるのだ。」(同、二〇二～二〇三頁)

『法華経』では、我々一人ひとりの生命には、仏性があり、その仏性、仏界の生命を強く、現わしていくことが人間革命であり、人間として完成していくことを教えています。このワイス教授の著書にも、注目する記述があります。

人は平等だというが、明らかに人それぞれに能力、性格等の違いがあることについて、次のように述べています。

「それはいわば大きなダイヤモンドが、それぞれの人の内に見つけられなければならないということなのだ。直径が三十センチメートルの大きさのダイヤモンドを想像してみなさい。そのダイヤモンドには一千個の面があるが、そのどれも、泥や油にまみれている。一つひとつの面がキラキラ輝き出し、虹の光を反射するようになるまで磨いてゆくのが、魂の仕事なのだ。」

「今、ある人々は、己のダイヤモンドの面をきれいに磨いて、キラキラと輝いている。

またほんの少しの面をやっと磨いただけの人もいる。そのためにまだあまり輝いてはいない。しかし、どの人もその胸に一千個の輝く面をもつダイヤモンドを持っているのだ。そのダイヤモンドはどれも完全で一つの傷もない。人々の間の差は、ただどれくらいの面をすでにきれいにしたかということだけなのだ。しかし、どのダイヤモンドもすべて同じで、しかもすべてが完璧なのだ。」（同、二四七〜二四八頁）

（3） マイケル・ニュートン博士

更に、退行催眠の技術は進化し、様々な事例を報告している。カリフォルニアのカウンセリング博士、マイケル・ニュートン(Michael Newton)は、死後の世界が教える『人生はなんのためにあるのか』（JOURNEY OF SOULES）で、驚くべき検診内容を報告しており、幾つか紹介します。

「被験者によっては、ごく限られた時間内に広い範囲の話題を扱うことも可能になります。すでに見たように、魂の宇宙的な訓練について話しているとき、シース（著者注＝被験者の名前）はほかの世界にも知性的な生命体が存在していることをほのめかしました。これは、私たちの一部には受けいれがたいことかもしれませんが、魂の生のある局面を明らかにしてくれるものです。ごく一部ですが、被験者のなかには、たいてい年長のより進歩した魂ですが、ほかの惑星の奇妙な、人間とは違う知性的な生命体に転生した経験を思い出す人たちがいます。それらの生のあり方や、身体的な特徴、われわれの宇宙から見たその惑星の位置などに関して、彼らの記憶はかなりあいまいではっきりしません。シースもずっと昔にこのような経験をしたことがあるかもしれないと考えて、私は何分間かこの方向で探りを入れてみることにしました。

ニュートン　先ほどあなたは、地球とは別のよく魂が訪れる物質的な世界について話をしてくれましたね。

被験者　（ためらいながら）ええ……

ニュートン　（なにげなく）もちろんこういった惑星のなかには魂の宿ることができる知性的な生命体が住んでいるものもあるわけですよね。

被験者　ええ、そうですよ。学校の庭はたくさんありますからね。（筆者注＝学校とは中間生で、魂が次の人生をいきるために学習するところをたとえたもの）（中略）

ニュートン　ほかと比較して地球の学校はどんなところだと思いますか。

被験者　地球の学校はいまだに安全な場所ではありません。多くの人々が自分たちを支配する、お互いどうし抗争を繰り返す指導者たちに激しい憤りを感じています。ここには克服しなければならない多くの怖れがあります。あまりに多くの相反する意見をもつ人たちがいるために衝突を繰り返している世界なんです。ほかの世界はもっと人口が少なくてより調和がとれています。地球の人口増加のペースは、その精神的な進歩の度合いを上回っているんです。

ニュートン　では、あなたはほかの惑星でトレーニングを受けたほうがよかったのでしょうか。

被験者　いいえ、たしかに地球には醜い争いや残酷な側面もありますが、ここには情熱や勇気があります。私は危機的な状況で学ぶことが好きなんです。無秩序から秩序を引き出すことがね。私たちみんな、地球は難しい学校だと言っていますよ。」（『死後の世界が教える「人生はなんのためにあるのか」』二九一～二九二頁）

また、信じがたいことですが、この本には次のような記述もあります。

「魂は自分のエネルギーを、学習や娯楽のためにつくられた生物や無生物の対象と融合させせることができるそうです。

ある被験者は、『なにか自分の望むことを考えるとそれが起こります。自分が手助けされていることはわかっています。私たちは過去の経験で知っているなんにでもなることができるんです。』と言っています。

たとえば、魂は、密度を体感するためには岩に、静穏さを体感するために樹木に、流動性を体感するために水に、自由を体感するために蝶に、パワーと雄大さを体感するために鯨になることができます。だからといってこれらの試みがかつての地球への転生を意味しているものではないようです。

また、魂は、自分の感受性を磨くために、実体や質感のない無定形なものになり、たとえば、慈悲心のような特定の感情に完全に一体化することもできるそうです。

また、妖精や巨人や人魚のような、伝説上の存在を連想させる自然界の神秘的な精霊になったことがあると言う被験者もいます。不思議な神話上の動物との出会いについて聞かされることもあります。

これらの報告はあまりにも生々しいのでたんなるたとえ話として片づけてしまうことはできません。多くの民族に昔から伝わる民話はただの迷信なのか、それとも多くの魂に共通した経験の表れなのか？

われわれの伝説の多くは、はるか昔にほかの場所から地球へ伝えられた、魂が共有する記憶なのではないかと私は感じるのです。」（同、二五九頁）

仏教では、有情（感情のある人間や動物等）非情（感情をもたない樹木や石等）に生命の存在を認めていますが、以上の記述は仏法に通じる話かもしれない。

第三節　前世を記憶する子供たちの事例研究

第一節で紹介した臨死体験や第二節で紹介した退行催眠などでは、まだ生命の永遠性、人の生れ変りについて確証をもつには、不十分だと考える人がいます。

ヴァージニア大学精神科主任教授だったイアン・スティーブンスン（Ian Stevenson）氏は、二五年にわたり、確かな実証を求めて、前世を記憶するという子供たちを、ほぼ世界中で調査しました。彼のいたヴァージニア大学では、二〇〇〇を超える事例から、六五の事例を科学的に確かに「生れ変り」だとして、発表しています。

イアン・スティーブンスン教授の著した『前世を記憶する子供たち』（Children Who Remember Previous Lives）という本がありますが、その中に記載されている事例を、二つほど紹介してみます。

（1）ゴーパール・グプタの事例

「ゴーパール・グプタは、一九五六年八月二六日にインドのデリーで生まれた。両親は、ほとんど教育のない中流の下の階層に属している。ふたりとも、乳児期のゴーパールの発育に変わった点があったことには気づかなかった。

ゴーパールが（二歳から二歳半の間に）言葉を話すようになってまもなく、グプタ家に来客があった。父親がゴーパールに、客が使ったコップを片付けるように命ずると、ゴーパールは、『そんなものは持たない。ぼくはシャルマだ』と答え、周囲を仰天させた。（シャルマとは、インドで最高のカーストであるバラモン階級に属する人々のことである。）

それから癇癪を起こし、コップをいくつか割った。父親はゴーパールに、乱暴なふるまいをした理由と、仰天すべき発言を行った理由とを尋ねたところ、ゴーパールは、マトゥラーという町で暮らしていた前世時代の記録をつぶさに語った。マトゥラーとは、デリーの南方一六〇キロほどのところにある町である。

ゴーパールの話によると、当時本人は薬品関係の会社を経営しており、その社名はスク・シャンチャラクであったという。また、大邸宅に住み、召使いを大勢使っていたこと、妻とふたりの弟がいたこと、弟のひとりと口論し、その弟に撃たれたことなどについても語った。

前世でバラモンだったというゴーパールの主張からすると、そのコップに触れるのを拒否した理由は説明できた。バラモンであれば、自分より下の階層に属する者が触った食器類には手を触れないのがふつうだからである。ゴーパール自身の家族は、パニャンという商人のカーストに属していた。

ゴーパールの両親はマトゥラーとは全く無関係であったし、ゴーパールから、その町で暮らしていたという話を聞いても、何も思い出すことはなかった。母親は、本人が覚えているという前世についてあえてゴーパールから聞き出そうとはしなかったし、当初父親もこの問題には無関心であった。しかし父親は、ゴーパールが語った内容を時おり友人に話して聞かせていた。話を聞いた友人の中に、ゴーパールの話と符合する、マトゥラーで起こった殺人事件をおぼろげながら覚えている者がひとりいたが、父親は、本人が語った事柄が事実かどうか確かめるためマトゥラーまで出かける気にはならなかった。結局父親は、宗教的な祭典を見物する目的で（一九六四年に）マトゥラーまで行ったが、そのおり、スク・シャンチャラク商会を見つけ、ゴーパールが語った内容が本当かどうか販売の責任者に尋ねている。父親からその話を聞かされた責任者はそれに思い当たるところがあった。経営者のひとりが、何年か前、兄を射殺していたからである。撃たれた兄のシャクティパル・シャルマは、その二、三日後の一九四八年五月二七日に死亡している。

販売責任者は、ゴーパールの父親が訪ねて来た時のことをシャルマ一家に話した。その後、何人かの家族がデリーにゴーパールを訪ね、言葉を交わし、マトゥラーに住む自分たち家族のもとへ遊びに来るように誘った。その招待に応じ、ゴーパールはマトゥラーに一家を訪ねた。両者がデリーとマトゥラーで対面した際、ゴーパールは、シャクティパル・シャルマが知っていたさまざまな人物や場所を見分け、シャルマについてかなり知っていることをうかがわせる発言を行った。シャルマ一家は、シャクティパル・シャルマが妻に借金を申し入れた事実をゴーパールが語ったことに特に強い印象を受けた。シャルマは妻から借りた金をその弟に与えたかったのである。この弟は、共同経営者であったが、けんか好きで金遣いが荒かった。シャクティパル・シャルマは、もっと金を渡し、要求の多い弟を宥《なだ》めたかったのだが、妻はこうした宥和策《ゆうわさく》に賛成せず、夫の申し入れを拒んだ。そのため弟はますます怒り狂い、あげくはシャクティパルを撃ったのであった。こうした内輪のいざこざは詳しくは公表されなかったので、家族内の関係者以外には、詳しい経過を知っている者はおそらくいなかったであろう。(殺人事件そのものは広く知られていた。)ゴーパールがこうした事柄を承知しており、それ以外にもいくつかの発言を行ったうえ、シャクティパルが知っていた人物を見分けたことからシャルマ一家は、ゴーパールがシャクティパル・シャルマの生まれ変わりだと確信するに至った。」(『前世を記憶する子供たち』九四〜九六頁)

(2) マ・ティン・アウン・ミヨの事例

更に、少し気味がわるい話ではありますが、こんなこともあるのかという話も載っています。

「マ・ティン・アウン・ミヨは、一九五三年一二月二六日にビルマ北部のナッル村で生まれた。両親は、ウ・アェ・マウンとドウ・アエ・ティンであった。マ・ティン・アウン・ミヨを妊娠中に、ドウ・アエ・ティンは、上半身裸で半ズボン姿のずんぐりした日本兵が本人の後を追い回し、おまえたち夫婦のもとで暮らすつもりだと宣言する夢を見た。マ・ティン・アウン・ミヨが、前世の記憶に由来するらしき行動を初めて示したのは三、四歳の時であった。飛行機が一機、ナッル村上空に飛来したのを見たマ・ティン・アウン・ミヨは、ひどく怖がって泣き叫んだ。その後それは（最終的に）飛行機恐怖症にまで発展し、数年間続いた。やはり四歳頃、めそめそしていたことがあったので本人にその理由を尋ねたところ、日本に行きたいからだと答えた。その後次第に、第二次大戦中ナッル村に進駐していた日本兵だったという前世の話をするようになった。当時ビルマは日本軍に占領されていたのである。マ・ティン・アウン・ミヨは、前世の自分は炊事兵であり、（連合軍の）飛行機が村に飛来し機銃掃射を加えた時、被弾して死亡したと語った。

マ・ティン・アウン・ミヨはまた、自分が記憶しているとする前世について他にも何点か発言している。北日本の出身で、そこで結婚して子どもを儲けたことや、入隊するまで日本で小さな商店を経営していたような気がすること、日本軍がビルマから撤退している最中に戦死した（この点からすると、前世の人格は一九四五年に死亡したように思われる）ことなどを話したのである。また、その飛行機から機銃掃射を浴びた時の着衣や行動についても、銃弾を避けようとした時取った行動についても話してくれた。本人の話によれば、鼠蹊部《そけいぶ》に被弾し即死したという。

マ・ティン・アウン・ミヨは、日本ということ以上に具体的な地名や人名はひとつも口にしなかった。その日本兵の名前も、出身地も覚えていなかったのである。そのため、本人の陳述と符合する日本人を捜し出す作業に着手することすらできなかった。しかしながら本人が語った内容は、日本軍がビルマ北部を撤退中にナッル村で起こった出来事とは一致していた。ドウ・アエ・ティンは、村に駐屯していた日本兵の中の炊事兵を知っていたばかりか、その男と親しくしていたことも想い出したが、その日本兵がそこで戦死したかどうかについては知らなかった。

マ・ティン・アウン・ミヨは、一家から見ると変わった行動を示したが、日本兵の行動とは軌を一にしていた。ビルマ北部の暑さも香辛料のきいた食物も好きではなく、甘い食物を好み、魚を半生のまま食べたがった。ただし、日本人のように全くの生魚を口に入れようとはしなかった。日本に帰りたいという願望をよく口にし、（本人の話では）ホームシックから膝を抱いてめそめそ泣くこともあった。また、自分の前で英米人の話が出ると、英米人に対する怒りの気持ちを露わにした。」（『前世を記憶する子供たち』一〇〇〜一〇一頁）

二つの事例にあったように、前世のことを記憶する子供たちの多くは非業の死を遂げています。六か所の文化圏の七二五例中、前世の人格が非業の死を遂げている事例が六一％にものぼるという報告（『前世を記憶する子供たち』三一九頁）もあります。

やはり、非業の死という状況が強く命に記録されるのだと思います。

もう一つの特徴に、前世を記憶する子供たちの事例が、東南アジアやインドなどに多くみられる。この特徴は、ヒンズー教や仏教など生れ変りを解く信仰をもった地域では、多く見られ、ヨーロッパやアメリカなど、生まれ変わりを信じない信仰をもつ地域では、少なくなっています。

これには、イアン・スティーブンスン教授は、次のように記述している。

「本人の家庭の中ですら抑え付けられている事例も、どれくらいあるかわからない。こうした事例は、大半が生まれ変わり信仰を持たない、たとえば西洋諸国のような文化圏で特に発生しやすい。その場合、こうした子供の両親は、自分の子供が愚にもつかないことを口走っているとか嘘をついているとか思うかもしれないし、黙らせようとすることも少なくない。インドのイスラム教スンニー派および、レバノンやスリランカのキリスト教の間でこの種の事例が抑え付けられている理由も、同様の動機が働いているとして説明できる。」（『前世を記憶する子供たち』一五一頁）

更に、前世を記憶する子供たちは、言葉を話しはじめる二歳前後から五歳までの間がほとんどです。大多数は、五歳から八歳までの間に前世の話をしなくなることについて、博士は次のように述べています。

「前世の記憶が失われるのはふつう、家族という物理的社会的環境から離れたところでの行動が増加する年齢と一致するようである。学校に行く行かないにかかわらず、この年齢の子どもが、家族の者を動かすだけではもはや生活して行けなくなり、家族ほど寛大ではない他人に順応しなければならない時期である。このように適応することで新しい経験を積み、その記憶によって前世の記憶が覆われ、消えてしまったように見えるのではなかろうか。」（『前世を記憶する子供たち』一六八頁）

過去の聖人、賢人の教えを素直に信じられない人も多くいます。しかし、近年の外科医の人たちなどの臨死体験での探求、精神科医の人たちでの退行催眠による前世への探求、ヴァージニア大学などでの前世を記憶する子供たちへの事例研究など、科学的な生命への探求がすすんでいます。そして、これらの探求結果は、地域性、文化性での表現の違いはありますが、人間生命に前世があり、人間が生まれ変りを続けていることを証明しています。

根強く、生まれ変わりを否定する人も、これらの研究成果に、真摯に向き合えば、人間生命の生まれ変わりを信ぜざるを得ないのではないでしょうか。

　では、次に、生命の永遠を説いた仏教、中でもその核心である『法華経』の教えを根本にした日蓮仏法の思想から生命の在り方を探求してみましょう。

第四章　釈迦仏法から日蓮仏法へ

第一節　現代に求められる宗教

第二章でみた、釈迦の悟りも、ギリシャ時代のソクラテスやプラトンの思想も、人間は、生死を繰り返し、生きてきた結果によって、次の人生が決まっていくと説かれています。また、第三章で記載したように、現在の医学や科学的検証によって、臨死体験の研究、退行催眠での検証、更に前世を記憶する子供たちの事例研究などによって、人間は、輪廻転生を繰り返している存在であることが明らかになってきています。

科学的に三つの別々の方法で調査して、同じ結論がでるのであれば、これは正しい答えであると素直に認めるべきではないでしょうか。人間生命は永遠であり、人間は生を繰り返していく存在であると。

したがって、過去の釈迦の悟りや、ソクラテス、プラトンの思想などを演繹的に信じることと、帰納的に生命を探求していくことが、結びつく時がきているのだと思います。

また、これらの研究によって、神といわれる存在も決して架空の者でなく、プラトンのパイドーンで出てくるダイモーン、釈迦の説法に出てくる大梵天や帝釈天など、更には、臨死体験や退行催眠などに登場するマスターとか守護霊などの話をみると、やはりそのような存在が確かにあるのだと思います。

そして、キリスト教やイスラム教が主張する唯一絶対神も決して、架空の話でなく、意味のあることだと思うのです。それは私なりに解釈すると、臨死体験などの被験者が出会う、光の存在こそ、唯一絶対神として表現されていたのではないでしょうか。確かに、この光の存在は、神や守護霊などの存在とは違った根本的な存在であり、この根本的存在を唯一絶対神として、信じるように説いたのが、キリスト教やイスラム教ではないかと思います。そこには、守護霊や民族的神を拝む対象とするのでなく、生命の原点とでもいうべき、光の存在を帰依する対象として説いたところに、世界宗教となる要素をもっていたのではないのでしょうか。

しかし、科学技術が発達した今日、人間生命を解き明かした宗教でなければ信ずるにたる宗教にはなりえません。

核戦争が地球を破壊しかねない。ＡＩが人間を支配するのでないか、あるいは少数の支配者に人類全体が監視され、管理された社会に生きるようになるのか。

現代の科学が発達した時代に生きる人類に、信ずるにたる宗教があるのでしょうか。

第二節　日蓮仏法と釈迦仏法

何故日蓮が唱えた仏法なのかということは、第二章で少しふれましたように、他の宗派が釈迦などを仏様として崇拝し、願いを、救済を求めるのに対して、仏法本来の自分自身を仏の境涯に高める生命変革の思想に戻したからに他なりません。

日蓮は、既存の仏教各派に対して、釈迦の真意が法華経にあることを訴えて、法論を挑み、正しい信仰を確立させようと闘ったのです。それに対して、既成仏教の高僧達は、日蓮の主張を聞くどころか、権力者の幕府に働きかけ、日蓮を亡き者にしようと策謀しました。

そして、更に幕府の要人の女房や、夫を亡くした尼などにも働きかけ、日蓮を亡き者にするように計ったのです。

幕府は、鎌倉由比ケ浜の竜の口の刑場で、日蓮の首を斬ろうとします。ところが、まさに斬ろうとした瞬間に、江の島の方向の暗闇の空から月のように光っている鞠のようなものが飛んできました。斬ろうとした役人どもは恐れおののいて、倒れたり、逃げたりして、首を斬れませんでした。この光っている物が何かはわかりませんが、結果的に日蓮を処刑することができなかったのですから、日蓮を護る働きをした、仏法上の位置づけで諸天善神の働きということになります。

その後、幕府は、日蓮を極寒の佐渡島に流罪します。しかし、その地でも、日蓮が佐渡に来たことを知って、日蓮を亡き者にしようとしてやってきた元北面の武士で、順徳上皇が佐渡に流された時、ともに佐渡に来て定住したといわれる阿仏房は、日蓮の威厳とその話に、逆に念仏等の信仰を捨てて、日蓮に帰伏します。そうして、逆に阿仏房は、妻の千日尼とともに、人目を忍んで、日蓮にご供養を続け、日蓮を守る立場に変わりました。また、この島でも、浄土宗や禅宗などの僧侶や信者が押し寄せ、日蓮を相手に法論をいどみますが、日蓮にあっけなく打ち破られ、なかにはその場で、念仏などの信仰をすてるものも出てきます。

日蓮は、飢え死にするであろうとされた流罪の地、佐渡にあって、むしろ自分こそ末法法華経の行者であるとの確信から、「開目抄」、「観心本尊抄」など、次々と重要な御書を執筆しました。そこには、生命を解き明かした哲理が明らかにされていきます。

一方、日蓮の予言どおり、鎌倉の地では内乱が起きます。そして、幕府もついに日蓮を許し、日蓮は鎌倉にもどることになります。

末法の法華経の行者とは、大集経、法華経等において、仏法の功力は、正法一〇〇〇年、像法一〇〇〇年でなくなり、その後の末法には、争いの絶えない時代がくるが、その釈迦仏法の功力が失せる末法にあって、新しい大白法が出現すると予言されていました。そうして迫害に責められるなかで、この大白法、末法の法華経を広めるとされたのが、末法の法華経の行者のことです。

日蓮は、自分こそ、釈迦が予言したとおり、数々の迫害の中で、『法華経』を流布する末法の法華経の行者であると確信します。そして、『法華経』の肝心である「南無妙法蓮華経」を根本とする末法万年、全人類を救済していく仏法を確立させたのです。

ですから日蓮仏法を、釈迦の仏教の一宗派とみなすことは、間違いです。

日蓮仏法こそ、釈迦が説いた教えの真実を蘇生させるものであり、今に生きる衆生を救う、真の仏法なのです。

釈迦の教えと日蓮の教えの関係について、池田名誉会長は、『御義口伝講義』のなかで、次のように記述しています。

「結局、法華経は、序品から、生命それ自体を説いていることが明確であろう。いな、開経なる無量義経において、すでに生命の不可思議な本体を、さまざまな角度から説き明かしている。過去、幾千万の哲学者、思想家たちが、解決に努力をしてきた、その生命の本体こそ南無妙法蓮華経なのである。

この南無妙法蓮華経は、文字は七文字であるが、その義は、実に深固幽遠である。この不思議なる法体を顕すために、釈尊は法華経二十八品を説いて、説明に努めた。ゆえに、釈尊の仏法は、今日では家の設計図である。日蓮大聖人の仏法たる南無妙法蓮華経は、家それ自体である。」（『御義口伝講義』上、五七〜五八頁）

釈迦の仏法、就中、『法華経』はこの生命の本体である南無妙法蓮華経を説明するものでした。

この関係がわからずに、日蓮の説く仏法は、釈迦が説いた教えの一つであろうと思っていると、完全に、この日蓮大聖人の仏法を見あやまることになります。

生命を解き明かした日蓮仏法のうち、三点ほど紹介したいと思います。

まずここでは、生命を理解するには、空の概念の把握が必要だと思いますので、空の概念と三諦論について、ふれてみたいと思います。

第三節　生命の存在する場所を探る——空の概念と円融の三諦論

人は、将来はとにかく、死んだらどうなるのかもよくわかっていません。仏教では、死んだら肉体だけでなく、人の魂もなくなるという考えを断見といって否定しています。また、死んだら魂が浮いてさまよい存在するような考えも常見といって間違った考えとして否定しています。

一方で、仏教は、輪廻転生という生命の連続性を信じる宗教です。では、生命はどのようにして連続していることになるのでしょうか。

一つは、生命の存在を考えるとき、空の概念を認識することが必要になってきます。仏教では死後のわれわれの生命の存在の仕方を〝空〟という概念でとらえています。〝空〟というのは、存在するかしないかという有無という考え方だけでなく、現象としては現れなくとも、厳然と実在する状態のことをいいます。実在するといってもそれは目にみえませんから、〝無〟と変わらないともいえます。

我々の感情が、心によろこびを感じた時、それが時の経過とともになくなり、その後何時間か何日間して思い出したように、また同じよろこびを感じることがあります。また、悲しんだ時も、それを忘れても、何時間か何日間かすぎて、そのことを思い出して、同じ悲しみを感じることがあります。このように、前の悲しみと、後の悲しみと、りっぱな連続があって、その間は心にはなかったことになります。

同じように、眠っている間は、人の意識はなく、目をさますやいなや意識は蘇ってきます。そして、寝る前の意識がもどります。一晩寝て、目が覚めても昨日の自分の連続として、今日を生きていかなければなりません。

眠った場合には人の意識がなくて、起きている場合には意識が蘇ってくるように、寝ている間には意識はありません。しかし無くなったわけではなく、起きると蘇るわけですから、何処かに潜んでいたことになります。このように、何かの縁に触れて現れるが、現れるまでは無くなったのではなく、何処かに存在していて、現れると以前のものが連続して現れる。この無い時の状態を、冥伏とも、空ともいいます。

人間生命は、宇宙自体も一つの生命であり、われわれが死んだ時には、死んだ生命は、ちょうど悲しみと悲しみとの間に何もなかったように、よろこびと、よろこびの間に、よろこびがどこにもなかったように、眠っている間、その心がどこにもないように、死後の生命は宇宙の大生命にとけこんでいきます。

プラトンは、『パイドーン』でハーデース（冥界）といっていますが、死んで、生れ変るまでの間、何処かに、私たちの魂はあるわけです。

第三章で紹介した、臨死体験者が生きている肉体を離れ、光の生命に出会い、そしてこの光の生命にとけ込んでいくことを表現していましたが、宇宙生命にとけ込んでいくようなものだと思います。

仏教の認識論の根幹をなすものの一つに、〝三諦論〟があります。〝三諦〟の〝諦〟とは、〝つまびらか〟もしくは〝あきらか〟という意味です。三は、〝空〟〝仮〟〝中〟のことで、この三つの立場を考慮しつつ、あらゆるものの姿、本質をみるときに、そのものの実相を把握できるという教えです。

〝仮諦〟とは、人間の感覚によって知覚することのできる物質、映像などの存在を、知覚してとらえる見方が、これに相当すると考えられます。われわれの肉体にしても、万物は一瞬といえども停滞することはなく変化していて、とどまることがありません。われわれの身体は、骨や肉、血液など細胞が結合して、それぞれの組織を構築しています。そして人間は、これらの組織が新陳代謝を繰り返して生きています。人に限らず、生き物、無生物の物体も、何らかの細胞や元素が結合して存在しています。この仮に結合している実態を〝仮諦〟と表現しています。

この〝仮諦〟に対して、〝空諦〟とは、あらゆる現象の特質を指します。それは実存としてとらえることはできませんが、石は固い物、水は流動的で柔軟に形をとることができる物というように、そのものが持っている性質です。人間の性格、心のありようも、その人ならではの特質があります。このように、その持っている性分、特質をみていくのが空諦です。

〝中諦〟は、これらの〝仮諦〟〝空諦〟を包含した本質の実在を指します。それは、姿、形などを顕現させ、あるいはそのものの特性や性分を決める生命の本源的実在であり、姿や形が変動しても、そのなかに一貫して貫かれる不変のものです。しかし〝中諦〟といっても、〝仮諦〟〝空諦〟のなかに現れるのであり、それらを離れて、別の実在としての〝中諦〟があるわけではありません。人間生命も、この中諦の見方から捉えることができます。

池田名誉会長は次のようにも説明しています。

「『我が此の身体』すなわち、生命の本質、本体、生命全体を中諦、中道というのである。たとえば、三歳の時のAと二十歳になった時のAとでは、肉体的にも精神的にも大きく変化している。だが、三歳の時のAも、二十歳の時のAも、同一人物のAであり、その人それ自体は一貫した本質をもっている。これが、中諦であり、中道である。」

(『御義口伝講義』下、一二六頁)

万物の実相は、この〝空〟〝仮〟〝中〟が一体となり、それが三つの現れ方をしていると考えられます。また、そのようにみていくときに、誤りのない認識ができると、仏教では説いています。

池田名誉会長は歴史学者アーノルド・トインビーとの対談集『二十一世紀への対話』下巻で、この空の概念と三諦論を次のように、論じています。

「**池田**　さきほど博士は、死後の生命の存在の仕方について、それは時間次元を超えたものであろうとおっしゃいました。私も、それは正しいと思います。しかし、さらに掘り下げていえば、現に生きているこの生命も、その本質の実在において時間次元を超えたものであろうと考えられます。なぜなら、もし人間の生命が時間という枠にはまった存在であるとすれば、人間の知性によってそれを理解することも、可能であるはずだからです。

この点に関連して、私はベルグソンの考察を思い起こします。ベルグソンは〝流れる時間〟という概念を主張し、過去・現在・未来という時間的区分はもともとあるのではなく、人間の意識の流れが過去・現在・未来という内的な持続を実感しつつ、つくりだすものであるとしました。しかし、この〝流れる意識〟というものも、人間生命のごく一部にしかすぎません。ともあれ、生命自体には、もともと過去・現在・未来という現象的時間の区分は存在しないと考えられます。そのような区分は、生命が肉体と精神とをそなえた存在として具体的活動を営んでいくとき、初めて現れるにすぎないものといえましょう。

トインビー カントは時間と空間の概念は、人間の思考にとって不可避の範疇であることを指摘しました。また、アインシュタインの指摘によれば、時間・空間という二つの知的範疇を区分するのは、すべて人間の知性の働きにすぎず、科学上の観察をするにあたっては、時間は空間によって、空間は時間によって測定する以外にないとのことです。しかし、三つの知的範疇——時間・空間・時空——が客観的実体をもつと推定できる根拠を、われわれははたしてもっているでしょうか。これらの知的範疇もあくまで人知の宇宙理解力の限界を示すものにすぎないのでないでしょうか。

池田 時間・空間というのは人間が創造した観念であり、人間の生命がその活動において設けた枠であると考えます。もし、この生命の発動がなければ、時間も空間もありえないでしょう。したがって、時間と空間というものを絶対的に実在するもののように考え、その枠に生命そのものをはめ込んで規定しようとすること自体、本末を転倒した考え方ではないかと思うのです。

時間とは、われわれが宇宙生命の活動や変化を通して感ずるものです。われわれの体験からいっても、時間の動きは、われわれの生命活動の状態によってさまざまに変化します。楽しいときには、時間は飛ぶように過ぎ去ってしまいますが、苦しいときには時計の針の進むのが非常に遅く感じられます。

そこで死の問題に戻りますが、さきほども少し話しましたように、仏法では死後のわれわれの生命の存在の仕方を〝空〟という概念でとらえています。〝空〟というのは、現象としては現れなくとも、厳然と実在する状態のことをいいます。実在するといっても、それは目に見えませんから、〝無〟と変わらないともいえましょう。しかし、実在する以上、縁にふれて目に見える現象として現れるのです。そうなると〝無〟とはいえません。つまり〝有〟と〝無〟という二つの概念だけでは表現できない状態です。

結局、仏教の教えによれば、生命の本質は〝生〟すなわち〝有〟と、〝死〟すなわち

〝無〟とを現じながら、永遠に存続していく超時間的実在であるということができます。

トインビー　いまおっしゃったことから、人間の真の存在は〝空〟の次元にあるといえるのではないでしょうか。それが、個人と宇宙の一体性を確認するヒンズー教の格言〝汝はそれなり〟の意味するところでもあると思うのです。

結論として、死という現象は、われわれが心身統一体として見慣れている人間存在のうち、肉体面の分解をともなうわけですが、しかしそれは、〝実在それ自体〟からみれば、じつは人間の知的着想力の限界から生じる幻想にすぎないことになります。したがってまた、〝究極の実在〟ないし、〝空〟に関する疑問は、空間とか時間とかの観念から公式化してみたところで、解答が得られないわけです。

ここでいえることは、ヒンズー教や仏教で説く輪廻転生の概念にしても、ゾロアスター教やユダヤ系諸宗教でいう一回限りの死者復活の概念にしても、私には知的に理解できないということです。さらに、ヒンズー教や仏教でも、またゾロアスター教やユダヤ諸宗教でもともに説いている、人間が死んでから再び心身統一体としての生を始めるまで中間的な期間があるという概念も、私には理解できないものです。

人間の知性で理解できる時間・空間内での諸現象とは対照的に、〝実在それ自体〟には、時間も空間もないのではないでしょうか。私は、〝実在それ自体〟には時間もなければ空間もないと信じています。といって、それが時間と空間に束縛されたこの世界から、まったく遊離して存在するものだとは思っていません。

池田　私も実在それ自体には、時間も空間もないと考えます。また、この実在が時間・空間に規定された、この現象世界を離れたところにあるのでないことも確かです。大乗仏教においては、〝生死不二〟といって、生と死という時間・空間次元の現象は、時・空を超えた実在である生命の、二つの異なった顕れ方であると説いています。個々の生命体は、生命が顕在化した状態であり、死とはその生命が〝冥伏〟した状態です。冥伏とは無に帰することではありません。

さきほどから私が提起してきた〝空〟の概念は、目には見えなくとも厳然と実在する、有無のいずれか一方に決めることのできない概念です。これに対して、現実にさまざまな個別の姿をとって現れてくる姿を〝仮〟と名づけています。心身統一体としての生とは、この〝仮〟の姿であり、しかもそのなかに〝空〟をはらんでいます。

死後の生命は〝空〟として実在しながら、そのなかに〝仮〟の傾向性、方向性をはらんでいます。そして、この〝空〟と〝仮〟を貫く生命の本質を〝中〟と呼んでいます。あるときは顕在、あるときは冥伏という姿をとりつつも、無限に持続していく生命の本質ということです。

この持続していく生命の本質とは、現代の哲学用語でいえば、最も根本的な意味での〝自我〟という表現に通ずるものです。さらに仏法では、この〝空〟と〝仮〟と〝中〟は円融一体のものであって、それらを全体として統一的に把握しなければならないと説いています。」（『二十一世紀への対話』下、三一～三六頁）

円融の三諦とは、生命は、仮諦という物質世界、空諦という精神世界、そしてこれを統合する中諦という生命世界から構成されているとみることを言います。

仮諦はさらに、物質中心にみるのですから、唯物主義に通じ、空諦は、精神世界を中心にみるのですから、唯心主義に通じます。これに対して、中諦は、生命という世界から見ていくのです。これを中道主義とも言います。

少し余談ですが、創価学会が作った公明党という政党が、中道主義を掲げていますが、これは、右と左の中間を行く中道という意味でなく、唯物主義、唯心主義を包含した生命次元から発想するという生命哲理を踏まえた中道主義のことです。

第四節　生命を分析する一念三千論

生命の存在といっても、存在する瞬間の連続です。過去の命はもうなく、未来の命はこれからくるので、まだありません。あるのは、今の一瞬の命です。

仏のことを如来といいますが、「如如として来る」ということで、瞬間、瞬間の生命のことです。

この瞬間の生命、一念を三千に展開したのが、一念三千です。

少し難しい理論になりますが、これを理解しないと日蓮仏法がわからないとも言えます。

まず、人の生命の状態、基盤にもなりますが、十に分けられます。低い境涯から順にあげますと以下のようになります。

地獄、餓鬼、畜生、修羅、人、天、声聞、縁覚、菩薩、仏の十で、十界といいます。

十界

<table>
<tr><td>仏</td><td>福徳、英知に溢れた円融自在の境地</td><td></td><td></td><td></td><td>仏界</td></tr>
<tr><td>菩薩</td><td>利他の実践によって、衆生を救済する慈悲の境地</td><td></td><td></td><td></td><td rowspan="9">九界</td></tr>
<tr><td>縁覚</td><td>自然現象など物事を縁として悟りを開く境地</td><td colspan="3" rowspan="2">二乗</td></tr>
<tr><td>声聞</td><td>仏の説法を聞いて悟りを得ようとする境地</td></tr>
<tr><td>天</td><td>歓喜した喜びの境地だが、永遠には続かない。</td><td rowspan="3"></td><td rowspan="2"></td><td rowspan="6">六道</td></tr>
<tr><td>人</td><td>知性で自分をコントロールできる境地</td></tr>
<tr><td>修羅</td><td>他人に勝ろうとする自己中心的な境地</td><td rowspan="4">四悪趣</td></tr>
<tr><td>畜生</td><td>本能的欲求に生き、強者を恐れ、弱者は侮る境地</td><td rowspan="3">三悪道</td></tr>
<tr><td>餓鬼</td><td>あくなき欲望に身も心もふりまわされている境地</td></tr>
<tr><td>地獄</td><td>苦しみに押し潰されそうな苦悩、煩悶の境地</td></tr>
</table>

元は、中国の天台大師が一念三千論を説いたのですが、十界の説明から始めてみます。十界を簡単にそれぞれを説明しますと、右の表（一一六頁）のようになります。

(1) 十界

地獄といっても、地の下に、そのようなところがないのは明らかです。では、架空の話なのでしょうか。仏法は生命論です。地獄から仏といっても、すべて命の状態、境涯を説明したもので、けっして架空の物語ではありません。

地獄、餓鬼、畜生の三つは、最悪の境涯で、三悪道と言われています。また、これに修羅を加えて四悪趣とも言いますが、いずれにしろ苦悩の世界で、良い境涯ではありません。更に、人界、天界を加えて六道といいますが、六道輪廻と昔から言われるように、一般には、これらの六道の境涯を繰り返すのが、人の生き方だと言われてきました。

声聞、縁覚は、悟りを求める境涯ですが、ともすると自分だけの悟りの追求を望むばかりで、人を助ける利他の精神に欠けるため、釈迦からは、その点を厳しく破折されます。菩薩は、他の人を救っていこうと人のために行動する境涯で、一般的には、人の行いとしては、この境涯が最高の境地です。

一般的には、地獄から菩薩までの九界を人として表して生きていくことになります。仏界は、取り敢えず簡単に「福徳、英知に溢れた円融自在の境地」と表には記載しましたが、そう簡単に表現できるものでもありません。第六節で説明する御本尊に唱題すること、広宣流布の活動をする中で体験する境涯です。実際に正しい仏法を実践して、自ら会得していただくしかありません。

(2) 十界互具

法華経以前の教では、十界がばらばらに説かれていました。例えば、地獄は地獄界の衆生の住処、修羅は修羅界の衆生の住処と決まっていました。『法華経』が説かれたことによって、十界互具が説かれます。

十界互具とは、十界のそれぞれに十界が具わっているということです。この十界互具が明かされたことによって、十界の衆生は別々の世界に住んでおり、互いに無縁の存在と説かれていたものが、人間自身の境涯として十界を具していることが明らかになりました。

仏の境涯も、自己に顕すことが可能になると言えます。これは「人界所具の仏界」となりますが、一方で、「人界所具の地獄界」は、人間として生きても苦しみの中で生きる状態、「人界所具の畜生界」は、人間として生まれながら、畜生、野獣のような生き方をする人といえます。

いずれにしても、法華経以前の教えでは、九界の世界を脱して、初めて仏界の境地になると説かれていましたが、十界互具が明かされたことで、人間の生命そのものに仏界の境涯、仏性があって、この身で最高の人格、境涯、満足いく生き方ができるということが明らかになりました。

十界にそれぞれ十界があるので、百法界と言います。

(3) 十如是

一瞬の生命に具わる働きを、十に分けたものです。

『法華経方便品』において、次のような一節があります。

「唯仏与仏、乃能究尽諸法実相　如是相、如是性、如是体、如是力、如是作、如是因、如是縁、如是果、如是報、如是本末究竟等」

「唯だ、仏と仏とのみ乃《いま》し能く諸法の実相を究尽したまえり。所謂る諸法の、如是相、如是性、如是体、如是力、如是作、如是因、如是縁、如是果、如是報、如是本末究竟等なり」（『妙法蓮華経並びに開結』一〇八頁）とあります。

諸法という諸々の姿が、先に説明した生命の実相そのものを表すということです。

如是相とは、是の如き相ということで、生命の実体を表した外面の姿であり、物質、肉体のことといえます。同様に、如是性は内面の性質、精神、如是体は根本の体、生命をいいます。この相、性、体の三如是で諸法の本体を表します。

三諦論からみれば、如是相は仮諦、如是性は空諦、如是体は中諦にあたります。

次の如是力は、文字通り生命に内在する力、能力、如是作はその外にあらわれた作用、如是因はその働きの因、如是縁は外界の助縁、如是果は、招いた結果、如是報は結果に報いを感じ、力、作、因、縁、果、報の六如是は機能面を表します。そして相から報までの如是が一貫した統一性のあることを、如是本末究竟等といいます。

先の十界、十界互具で百界になり、この十如是が各界にそれぞれに備わるので千如是になり、これを百界千如と言います。

(4) 三世間

そしてこの生命は、三世間という中にあります。三世間とは、五陰《ごおん》世間、衆生世間、国土世間をいいますが、五陰世間とは、色、受、相、行、識といって、生命体を構成する五つの働きの要素のことです。

色陰《しきおん》は身体の物質的側面、受陰とは外界にあるものを受け入れる作用、相陰とは心に思い浮かべる作用、行陰は意志や行動を起こす心の作用、識陰は認識、識別作用で、生命活動を意味して人間の体を言います。衆生世間は、人間の集まりが作り出す世界、国土世間は自然界ということです。

チョット話が発展しますが、仏法には依正不二という見解もあります。依とは、依報のことで、正報、主体を取り巻く環境を意味します。正報が主体で、依報はその環境ということです。不二とは、二でない、別々でない、一体だということです。ですから、五陰世間、衆生世間、国土世間といっても、主体の生命が、天界の境涯であれば、心もウキウキ、周りの人とも楽しく、自然界の小鳥のさえずりも楽しく聞こえます。一方、地獄界の境涯の人は、気持ちも地にひかれるように重く、周りの人も自分を虐める鬼のような存在に思え、住んでいる世界も嫌なものです。

このように、瞬間の生命の状態は、一瞬の一念に、百界千如に三世間をかけた、三千に備わっている姿、機能等が一貫していることを説いたのが、諸法実相であり、一念三千といいます。

諸法というそれぞれの作用、姿等は実相の生命状態と一致しており、それはまた、一念という瞬間の生命の状態が、三千という生命に具わった姿、作用等と一貫していることでもあります。

よく職場や家庭など、自分の暮らしているところが良くないと不満をもっている人がいます。自分がうまくいかない、楽しくないのを、だれか周りの人のせいにして、不満をいいます。しかし、仏法からみれば、主体であるその人の境涯が、地獄界なり、修羅界なりの悪い境涯だから、周囲の状況もそのようになるのであって、周囲を変えるのでなく、自分自身の境涯を変えることで、周りも変わっていくといわれます。具体的には、創価学会員であれば、御本尊に題目をあげ、自分自身に仏界の境涯を表していけば、仏法では、仏の住む世界を寂光土と説かれているように、自分を成長させる充実した楽しい場所になると指導されます。

周りのせいにするのでなく、まず自分自身が変わることが大事というのが、創価学会の指導です。

第五節　生命の永遠性を解明した九識論

生命の実体を理解するのに、九識論という見方があります。人の存在を、意識している実態ととらえるユニークな見方です。

人は、生まれてから、だんだん意識が芽生えて人生がはじまります。生きるということは、自分自身も含めて、周囲の状況を識別し、判断し、何らかの行動をすること（行動しないということも含めて）でもあります。寝ている間を除いて、生きているということは、絶えずこの識別、判断、行動の連続です。

世の中に置かれた個体として、識別を行っている塊が人間ともいえます。草むらから動物が出てきても、可愛いと思う人と美味そうだと思う人と、怖いと思う人など、皆同じように見ているわけではありません。その人の境涯の違いで、見方はちがいます。

人を、識別する当体であるとしてみる見方が、仏法にはあります。先ず、六識と言いますが、人が外界を識別するのに、眼識《げんしき》（見て識別）、耳識《にしき》（聞いて識別）、鼻識《びしき》（臭いで識別）、舌識《ぜつしき》（味わって識別）、身識《しんしき》（肌で触れて識別）、意識《いしき》（理性で判断し識別）があります。正しい信心をして、これらの識別作用が正しくなることを六根清浄といいます。六根清浄は、『法華経』の「法師功徳品」に出てくる文句で、比叡山に登るときなどに、「六根清浄お山は晴天」などと口ずさんで使われるようですが、その説明は省かせていただきます。

この六識の奥で、潜在的な意識になっているものを、第七識、末那識、思量識ともいい、思量、思索する意識であり、別の見方では煩悩が渦巻くところと言うこともあるようです。

更に、第八識を阿頼耶識といい、阿頼耶とは貯めるという意味で、阿頼耶識のことを蔵識ともいいます。見たり、聞いたり、思ったりしたことを蓄える、パソコンのクラウドのような保存機能をもつところです。全部を業として保存するところを阿頼耶識といいます。

そして、この八識の更に奥、宇宙生命ともいえるところを第九識といいます。根本浄識とも阿摩羅識とも、九識心王真如の都ともいって、南無妙法蓮華経と言われるところです。

この第八識の阿頼耶識が大事なのは、人間は死ぬと、七識から上は消えてなくなりますが、その人の行い、思ったことも含めて全部が阿頼耶識に記録されています。この阿頼耶識は、Aさん、Bさん固有のもので、死ぬと九識の生命の大海に吸収されますが、Aさん、Bさんそれぞれ固有の生命は阿頼耶識としての状態でとけこんでいきます。そして、何らかの条件が整うと、再び人間生命として誕生しますが、Aさん、Bさん、それぞれの阿頼耶識から波が高くなっていくように、六識から七識の意識が生じていき、一個の人間として活動するようになっていきます。

人間の生命を大海の波に例えると、波が出来て消えるまでが人の一生であり、これらを可視的に図示（一二六頁）すると次のようです。

このことから考えると、第三章の第一節で、人が死ぬ時にはフラッシュバックのように、その人の一生が走馬灯のように、一瞬に浮かび上がってくるということを記載しましたが、事件や事故などで亡くなる場合、第七識から上が急になくなった時に、第八識の阿頼耶識

識別作用から見た一個の人間（可視的に表現）

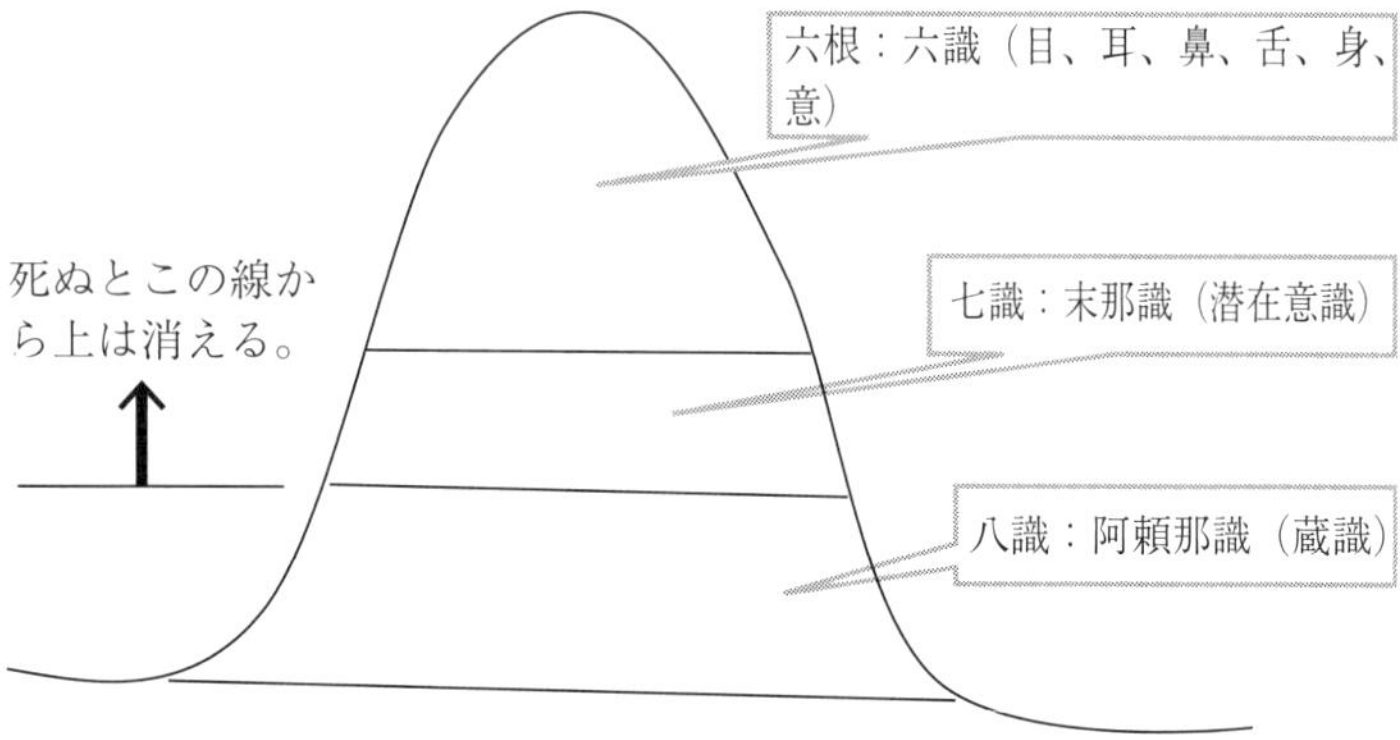

九識：阿摩羅識（根本清浄）、九識心王真如の都、南無妙法蓮華経のこと

が、一度に浮かび上がってくるのかも知れません。

また、誕生とともに個々の第八識の阿頼耶識から、六識、七識の意識が積みあがってくるのですから、第三章の第三節で、前世を記憶する子供たちのところで、話はじめるのは二歳位から八、九歳位までで、その子供たちも、前世の記憶を話さなくなると記載していますが、阿頼耶識の上に、だんだん六識、七識の意識が積み上がっていけば、前世を記憶している阿頼耶識の作用は、表面に出てこなくなると説明できます。

それから、スポーツの世界でも、芸術などの世界でも幼年期から、ずば抜けた才能を発揮する子供がいますが、前世で修養したことが、八識に蓄積されていて、その上に新しい人生が開花したので、蓄積されていた生命の傾向性はその力を発揮するのでしょう。

また、第三章第一節で、キューブラ・ロス博士が、「重要なのは、私たちは存在のはじめから、神に帰るまで、いつも同一性を保ち、自分だけのエネルギーパターンを保つということです。この宇宙の、この地球上にいる、そして、さえぎるもののない世界にいる、何十億という人間のうちに、二つと同じエネルギーパターンはありませんし、同じ人間というのはいません。そっくりの双子でさえちがいます。」（『「死ぬ瞬間」と臨死体験』一七五頁）と表現していますが、この九識論で説く、第八識の阿頼耶識は、第九識の宇宙生命に吸収されても、Aさん、Bさんの個々の阿頼耶識は、同一性を保ち、縁にふれて、それぞれの新たな人生を築き上げていくという見方と一致しています。

この阿頼耶識について、池田名誉会長は、学会教学部の青年と対談した『法華経の智慧』第四巻で、次のように表現しています。

「『阿頼耶識』は、蔵のように、一切の業がそこに貯蔵されていくわけだね。善業も悪業も、すべてそこに種子として貯蔵されていく。ただ、『蔵』というと、業エネルギーとは別に、何らかの容れものとしての実体があるような印象を受ける。

しかし、実際には、業エネルギーの生命流そのものが八識と言ったほうがいいかもしれない。」（『法華経の智慧』第四巻、三五〇頁）

もう一つ、この八識、阿頼耶識の特色として大事な点は、他の生命との繋がりであります。この点を、池田名誉会長は次のように表現しています。

「しかも、八識の生命流は、一個人の境界を越えて、他の生命の業エネルギーと交流している。

八識という生命内奥の次元では、業の潜在的エネルギーは、家族、民族、人類の潜在エネルギーと合流し、さらには動物、植物といった他の生命とも融合しているのです。」

（『法華経の智慧』第四巻、三五一頁）

スポーツや事業などでも、みんなの力が一つになると、大きな力を発揮する。この辺も、さらに生命の仕組みが研究されれば、いろいろなことがわかってくるのではないでしょうか。

第六節　生命を蘇生させる御本尊

日蓮仏法のすごさは、理論の上で、生命を説明しただけではなく、実践形態として、仏の生命を、各自の命に呼び起こす信仰の対象として、御本尊を顕したことです。

我々が、仏法を信じ修行をするといっても、僧侶のような修行をするのでは、現代人は、いかに素晴らしい教えでも、実践は難しいでしょう。我々が、自分自身の生命を浄化して、過去世にいかなる宿業を積んだとしても、その報いに苦しむのでなく、軽く受ける、これを仏法では、〝転重軽受（重きを転じて軽く受ける）〟といいますが、このようなことがないと幸せは実感できません。更に重い宿命などがあると、一生暗い人生を歩きかねません。しかし、これらを変える、宿命転換の法をしめしているから、この仏法がすごいといえるのです。

創価学会に入会するということは、この日蓮大聖人のあらわした御本尊をお受けして、朝晩、勤行唱題に励むことが基本です。勤行とはこの御本尊に『法華経』の肝要である

「方便品」と「寿量品」を読み、唱題とは〝南無妙法蓮華経〟と唱えることです。日蓮の著した論文の、「法華初心成仏抄」という文章の中には、以下のような一節があります。

「我が己心の妙法蓮華経を本尊とあがめ奉りて我が己心中の仏性・南無妙法蓮華経よびよばれて顕れ給う処を仏とは云うなり、譬えば籠の中の鳥なけば空とぶ鳥のよばれて集まるが如し、空とぶ鳥の集まれば籠の中の鳥も出でんとするが如し口に妙法をよび奉ればば我が身の仏性もよばれて必ず顕れ給ふ」（『日蓮大聖人御書全集』五五七頁）

現代語訳すると以下のようになります。

「我が己心の妙法蓮華経を本尊と崇めたてまつって、我が己心の中の仏性を南無妙法蓮華経と呼び呼ばれてあらわれるところを仏というのである。たとえば、籠の中の鳥が鳴けば、空を飛ぶ鳥が呼ばれて集まるようなものである。空を飛ぶ鳥が集まれば、籠の中の鳥も出ようとする。

口に妙法を呼びたてまつれば、我が身の仏性も呼ばれて必ずあらわれる。」（『日蓮大聖人御書講義』第九巻、三四四頁）

識別作用から見た一個の人間（可視的に表現）

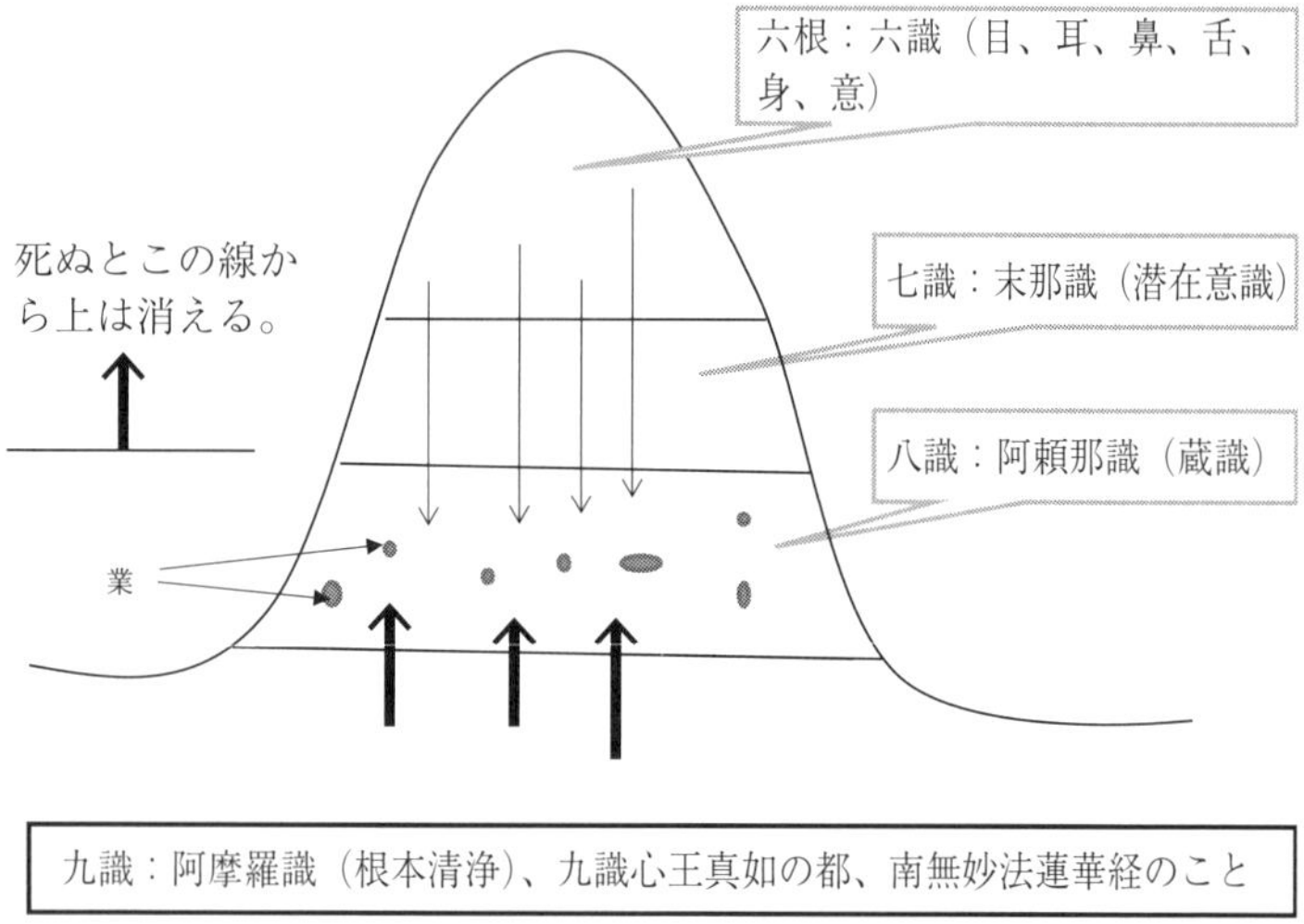

先ほど、説明した九識論の人間生命を、波に例えたところから説明すると上のような図（一三二頁）になります。

人は生きている間に、六根の意識の作用で、様々な業を形成していきます。（下向きの矢印）良い業ばかりなら良いのでしょうが、そんな人は滅多にいません。一般の人は様々な欲望をもって生きていくわけですから、いろいろな業を形成していきます。これらは、第八識の阿頼耶識に保存されていきます。保存された悪い業は、その後の人生、更には来世で、その人の人生に影響を与えます。悪い業ですから、そのために、苦しい人生を歩むようになるわけです。

しかし、この信仰をして、御本尊に南無妙法蓮華経と唱題することは、九識の根本清浄な生命から、命を洗うように、阿頼耶識の宿業を清めているのだと思います。（上向きの矢印）

なぜ南無妙法蓮華経なのかという説明は難しいのですが、「当体義抄」という御書には、次のようにあります。

「至理は名無し聖人理を観じて万物に名を付くる時・因果具時・不思議の一法之れ有り之を名付けて妙法蓮華と為す此の妙法蓮華の一法に十界三千の諸法を具足して闕減《けつげん》無し之を修行する者は仏因・仏果・同時に之を得るなり」（『日蓮大聖人御書全集』五一三頁）

口語訳では、

「妙法の至理には、もともと名はなかったが、聖人がその理を観じて万物に名をつけるとき、因果具時の不思議な一法があり、これを名づけて妙法蓮華と称したのである。この妙法蓮華の一法に十界三千の一切法を具足して一法も欠けるところがない。よってこの妙法蓮華経を修行する者は、仏になる因行と果徳とを同時に得るのである」（『日蓮大聖人御書講義』第7巻、三五六頁）

とありますが、宇宙を貫く生命の法の名前と言っていいと思います。

ここに記された、至理というのは、宇宙生命の根本の真理のことをいい、成住壊空の変化を繰り返し、あらゆる生命を流転し動かしている本源の力のことをいいます。

南無妙法蓮華経は、仏の生命、本体であり、宇宙生命そのものの名前ですから、日本人だから南無妙法蓮華経と唱えているのでなく、南北アメリカでも、ヨーロッパでも、アフリカにおいても、この信仰に入った人は、南無妙法蓮華経を唱えて、生活を、人生を良い方に転換して、人間革命の人生を歩んでいます。

私も、以前、アメリカにいた時に、サンフランシスコの会館や座談会場で、アメリカの人たちと一緒に勤行しました。口をパクパク開けて言葉を話す日本人に比べて、英語を話す人は、舌の使い方が上手いというか、南無妙法蓮華経と唱える発音が、とてもきれいに感じました。

SGI（Soka Gakkai International）は、世界一九二か国に展開する創価学会の国際的機構ですが、すでに各国の会員も多い国では、数十万人を超え、なかには百万を超える会員のいる国もあります。実験証明というには、十分な数を超えています。

ですから、この信仰を実践してみることは、南無妙法蓮華経を唱える功徳を我が身に湧現してみて、その後、仏法そのものを学習し、生命の法則を会得していくことだと思います。例えていえば、テレビを買ったときに、テレビの仕組みをすべて理解しなくても、操作がわかれば、テレビは楽しめます。

なぜ、南無妙法蓮華経なのかという生命の原理がすべてわからなくても、実践の仕方を学んで、自分自身の向上を図ることが、良いのではないでしょうか。

すべてわかってから、やってみるというのでは、電子工学からすべて学んで理解してからでないとテレビは見ないというのと同じです。実践してみて、その力がわかってから、またわかっていくなかで、生命哲学の仏法を学んでいくべきです。

事実、半信半疑で実践してみて、題目を唱えてみて、自分自身のなかに力を感じてきて、本格的に信仰を実践してみるようになった方は多いのです。

第五章　世界に拡がった日本の仏教、創価学会

第一節　仏法を現代に蘇らせた戸田会長の生命論

日蓮仏法の教義も、戦後に創価学会の活動が活発になるまで、世間にはほとんど知られていませんでした。

創価学会は、初代会長牧口常三郎氏、第二代会長戸田城聖氏が日蓮仏法に帰依したことからおこります。二人とも教育者だったので、初めは創価教育学会として、一九三〇年（昭和五年）に設立されました。

しかし、生命の尊厳を説く日蓮仏法を基調にした創価学会の活動は、国家神道をもとに国体維持を図る軍部政府には、許されぬ存在となり、治安維持法違反として、創価学会幹部は捉えられ、その結果、牧口会長は獄死しています。

第二次世界大戦の終戦間際に、日本の敗戦が濃厚となった、一九四五年（昭和二〇年）七月に戸田城聖氏は釈放されて獄を出ます。戸田城聖氏よって学会は再興されます。そして、戦後の事業の苦境を脱して、一九五一年（昭和二六年）戸田氏が第二代の創価学会会長に就任します。

しかし、何より大事と思うのは、この獄中にあって、『法華経』を精読した戸田会長は、経典に仏として説かれている存在は、生命のことであると確信するにいたったことです。このことによって、過去の物語としてしか捉えられかねない経典や仏法が、現代の人々が信仰する宗教として、現代に蘇りました。

戸田城聖氏は、軍部政府によって不敬罪で、投獄されましたが、その独房の中で、『法華経』を精読していきました。しかし、どうしても理解出来ない一節が、『法華経』の開経である「無量義経徳行品第一」にあり、思索を続けていました。それは、仏を讃嘆した文のなかで、仏の身を三十四の否定で表現したところにありました。伝教大師もこの三十四の「非」が説かれた部分を解説し、「其の身」を「内証身《ないしょうしん》を明かす」ものとしていますが、「内証身」といわれても、よくわかりません。しかし、そのことを思索するなかでついにその答えに行きつきます、そのところを、池田名誉会長の小説、『人間革命』第4巻、「生命の庭」の章に、具体的に表現されているので、紹介します。

「末法濁悪の現実に生きる衆生にとっては、『内証身』と言われても、遠い観念の世界のことにすぎなくなる。戸田城聖が、思索に悩んだのも、そこに起因していた。『大悟大聖主』とは、仏のことであり、仏とは、苦悩の衆生を救う現実の存在である。その仏の身とは、もっと具体的で、生き生きとした何ものかであるはずだ。

彼の思念は、三十四の『非』が続く、経文の冒頭にある『其の身』が、いったい何を指しているかを追求し続けた。彼は、『其の身』の意味する確実な実体の存在を、直感していた。

戸田は、狭い部屋の中を、のっし、のっしと、痩せた体で、肩を怒らせ、こぶしを固く握り締めながら歩き回り、悩み、考え続けた。

やがて彼は、唱題を始めた。そして、ただひたすらに、その実体に迫っていった。三十四の『非』を一つ一つ思い浮かべながら、その三十四の否定のうえに、なおかつ厳として存在する、その実体は、いったい何か、と深い深い思索に入っていた。時間の経過も意識にない。今、どこにいるかも忘れてしまった。

彼は、突然、『あっ!』と息をのんだ。

『生命』——という言葉が、脳裏にひらめいたのである。

彼は、その一瞬、不可解な三十四の『非』の意味を読み切った。

『生命』は有に非ず亦た無に非ず
因に非ず縁に非ず自他に非ず
方に非ず円に非ず短長に非ず
…………………………
紅に非ず紫種々の色に非ず

〝ここの『其の身』とは、まさしく『生命』のことではないか。知ってみれば、なんの不可解なことがあるものか。仏とは、生命のことなんだ！〟

彼は、立ち上がった。独房の寒さも忘れ去っていた。時間も、わからなかった。ただ、太い息を吐き、頬を紅潮させ、目は輝き、底知れぬ喜悦にむせびながら、叫んだ。

『仏とは、生命なんだ！　生命の表現なんだ。外にあるものではなく、自分自身の命にあるものだ。いや、外にもある。それは宇宙生命の一実体なんだ！』

彼は、あらゆる人びとに向かって叫びたかった。

狭い独房の中は、瞬間、無限に広大に思われた。

やがて、興奮が静まると、端座して御本尊を思い浮かべ、夕闇迫るなかで、唱題を続けていくのであった。

戸田城聖の、この覚知の一瞬は、将来、世界の哲学を変貌せしむるに足る、一瞬であったといってよい。それは、歳月の急速な流れとともに、やがて明らかにされていくにちがいない。

彼は、仏法が、見事に現代にも、なお、はつらつと生きていることを知り、それによって、現代科学とも全く矛盾がないものであることを確信した。そして仏法に、鮮明な現代的性格と理解とを与えたのである。いや、そればかりではない。日蓮大聖人の仏法を現代に生かし、あらゆる古今東西の哲学を包含する生命哲学の誕生であった。」

（『人間革命』第4巻、二〇～二二頁）

仏という、生命の本質を覚知した戸田会長は、一九四九年（昭和二四年）七月、「生命論」という論文を発表しています。この「生命論」から引用してみると以下のようです。

少々長い引用になりますが、正確に把握して頂くために、その一部を紹介してみます。

「およそ釈尊一代の仏教は、生命の前世、現世および来世のいわゆる三世の生命を大前提として説かれているのである。ゆえに、仏教から三世の生命観をぬきさり、生命は現世だけであるとしたならば、仏教哲学はまったく、その根拠をうしなってしまうと考えられるのである。」（中略）

「三世の生命なしに仏法はとうてい考えられないのである。これこそ、生命の実相であり、聖者の悟りの第一歩である。しかしながら、多くの知識人はこれを迷信であるといい、笑って否定するであろう。しかるに、吾人の立場からみれば、否定する者こそ自己の生命を科学的に考えない、うかつさを笑いたいのである。

およそ、科学は因果を無視して成り立つであろうか。宇宙のあらゆる現象は、かならず原因と結果が存在する。生命の発生を卵子と精子の結合によって生ずるというのは、たんなる事実の説明であって、より本源的に考えたものではない。あらゆる現象に因果があって、生命のみは偶発的にこの世に発生し、死ねば泡沫のごとく消えてなくなると考えて、平然としていることは、あまりにも自己の生命にたいして無頓着といわねばならない。」（『戸田城聖先生　論文集』六〜八頁）

「生命とは、宇宙とともに存在し、宇宙より先でもなければ、あとから偶発的に、あるいは何人《なにびと》かによって作られて生じたものでもない。宇宙自体がすでに生命そのものであり、地球だけの専有物とみることもあやまりである。」（同、一二三頁）

また、不思議な生命の実体を、以下のような例えで説明している。

「少しく理論的であるけれど、事実とは相違している生命論に、生物には、なにか霊魂というようなものがあり、それが永久につたわっていくのだと考えているのがある。

これは、ちょっと聞くと真実のように思われるので、そうとうの学者や、かず多くの人々によって主張されている。しかしながら、これも仏教哲学の対象としては、ぜんぜん無価値なものである。釈迦は涅槃経のなかにおいて徹底的にこれを否定している。すなわち、この考え方は邪見であって、正しいものではないとしているのである。しからば、どんなふうにしてあらゆるものの生命が連続するのであろうか。死後の問題は、なかなか仏教哲学でも最高に属するもので、その素養のない人にたいしては、あやまりを起こすおそれがあるゆえに、これをはぶくことにし、きわめて常識的に取り扱うから、その点は了承されたい。」（中略）

「われわれの心の働きをみるに、よろこんだとしても、そのよろこびは時間がたつと消えてなくなる。そのよろこびは霊魂のようなものが、どこかへいってしまったわけではないが、心のどこかへとけこんで、どこをさがしてもないのである。

しかるに、何時間か何日間かの後、また同じよろこびが起こるのである。また、あることによって悲しんだとする。何時間か何日かすぎて、そのことを思い出して、また同じ悲しみが生ずることがある。人はよく悲しみをあらたにしたというけれど、前の悲しみと、あとの悲しみと、りっぱな連続があって、その中間はどこにもないのである。同じような現象が、われわれ日常の眠りの場合にある。眠っている間は、心はどこにもない。しかるに、目をさますやいなや心は活動する。眠った場合には心がなくて、起きている場合にはこころがある。あるのがほんとうか、ないのがほんとうか、あるといえばないし、ないとすれば、あらわれてくる。

このような、有無を論ずることができないとする考え方が、これを空観とも妙ともいうのである。この小宇宙であるわれわれの肉体から、心とか、心の働きとかいうものを思索してこれを仏法の哲学の教えを受けて、真実の生命の連続の有無を結論するのである。

前にものべたように、宇宙は即生命であるゆえに、われわれが死んだとする。死んだ生命は、ちょうど悲しみと悲しみとの間に何もなかったように、よろこびと、よろこびの間に、よろこびがどこにもなかったように、眠っている間、その心がどこにもないように、死後の生命は宇宙の大生命にとけこんで、どこをさがしてもないのである。霊魂というものがあって、フワフワ飛んでいるものではない。大自然の中にとけこんだとしても、けっして安息しているとは限らないのである。あたかも、眠りが安息であると言いきれないと同じである。眠っている間、安息している人もあれば、苦しい夢にうなされている人もあれば、浅い眠りになやんでいる人もあると同じである。

この死後の大生命にとけこんだすがたは、経文に目をさらし、仏法の極意を胸に蔵するならば、自然に会得するであろう。この死後の生命が、なにかの縁にふれて、われわれの目に写る生活活動となってあらわれてくる。ちょうど、目をさましたときに、きのうの心の活動の状態を、いまもまた、そのあとを追って活動するように、新しい生命は、過去の生命の業因をそのまま受けて、この世の果報として生きつづけなければならない。」（『戸田城聖先生　論文集』一六〜二〇頁）

仏教を過去の釈迦の教えでなく、戦後の苦しみに喘いでいる人々を救う、現実の宗教として、戸田会長は、一対一の対話によって布教していきます。それは、この生命論にあるごとく、何か仏とか神に救済されるのではなく、一人ひとりの人間の生命の中に、仏性という、最高の生命境涯があり、その力を自分自身に発揮していく中で、人生の諸々の苦難を乗り越えていくものです。

第二節　日蓮仏法を世界に拡めた広宣流布の活動

創価学会は、第三代会長池田大作氏によって急速な発展を遂げます。一九六〇年（昭和三五年）に第三代会長に就任した池田氏は、わずか五十年ほどで、世界一九二か国、地域に会員をもつ世界宗教として発展させていきます。

宗教の正邪は、一般の庶民にとって見分けづらいものです。

選挙のときには、どの立候補者も主義主張を訴えます。誰も自分が当選すれば、世の中を理想的な社会にするように訴えますが、有権者の方は、誰に一票を入れたらいいのか、見極めるのが難しいものです。選挙以上に、宗教の選択はわかりづらい、また、自分の人生の方向性を決める大事なものです。更に、先祖代々につたわる家の宗教などのしがらみもあって、信ずる宗教を変えること、改宗することは大変なことです。

では、どうしてここまで急速に、創価学会は拡大できたのでしょうか。

それは、科学技術の発展した現代の世界を指導できる思想、哲学と、池田大作氏の使命感に燃えた必死の努力、たぐいまれな指導力によることは間違いありません。

そして、何よりも信じた人々が、確かな現証によって、この信仰の力を確信できたことにあります。

池田名誉会長の執筆している小説『人間革命』、『新・人間革命』には、綺羅星のように、この信心によって蘇生していく人間模様が描かれています。それを二つ三つ紹介します。

『新・人間革命』第6巻には、福岡市の博多港の一角に出来た〝ドカン〟と呼ばれる地域の話が載っています。文字通り放置されていた土管をねぐらに住み着いた人びとです。この無法地帯のようなところにも、創価学会の布教が進みました。

一例では、その中に、以前は炭鉱会社の経理担当をしていた井村という人の話が載っています。彼は将来を嘱望されていましたが、喘息が悪化し、仕事をすることができなくなり、やがて解雇されてしまいます。

彼には、妻と三人の男の子がいましたが、家賃を払えず住む家を失います。一家心中の場所を探しましたが、無邪気な子供の顔をみるとそれもできず、やがてこのドカン地域に掘っ立て小屋を建て、住み着くようになります。喘息の発作を起こし、苦しい日々が続く中、先に創価学会に入会した兄が、信心の話をしにきます。

これ以上は、悪くなることはないのだからと、彼は、半信半疑ながら創価学会に入会しました。

彼は、入会して勤行・唱題を続けていくうちに生命が躍動し、生きる意欲がわいてきました。近くの競艇場の入り口近くではじめた屋台の食べ物小屋も繁盛し始め、無我夢中で、仕事と学会活動に取り組むようになり、持病の喘息の発作もなくなり、屋台の売り上げも数倍になっていきました。やがて、彼は、学会でも班長、更には地区部長として活動するようになり、自宅を購入し、鮮魚店も営み更には割烹料理の店をもつようになり、地域では町内会長を務めるまでに変わっていきました。(『新・人間革命』第6巻「加速」の章の趣意)

山口県というところは、明治維新では歴史回転の英雄を輩出したところですが、戸田会長の晩年のころ、学会の世帯は出遅れていました。そこで、戸田会長が若き池田氏に、山口への布教の闘いを指示します。池田氏が中心になって、全国から山口に親戚縁者のいるものを集って、山口に弘教の波をおこしたのが、後に、山口開拓指導といわれる広宣流布の活動です。

この活動の中でも、『新・人間革命』第25巻の「共戦」の章には、次のような話があるので、紹介します。

萩の伊郷忠治と妻の時子として記述されている人がいます。萩で開かれた座談会に、肺結核と腎臓結核で苦しんでいた、入会まもない妻の時子が出席しました。そして、「この信心で、本当に病気がよくなるのでしょうか」と質問します。

座談会の中心者であった池田氏は、次のように応えます。「医学の力は大切ですが、病を治せるかどうかは、根本的には、人間自身の生命力の問題になります。また、病に苦しまなければならないという宿命を転換しない限り、一つの病を乗り越えても、また、別の病に苦しむことになる。仏法は、その生命力を湧現し、宿命を転換する道を説いているんです。私自身、かつては肺結核で苦しんできましたが、それを乗り越えることができたのです。」と体験に裏打ちされた確信ある話をする。池田の話に、伊郷時子は、必ず、仏法で宿業を打開してみせると奮い立ちました。

一人で歩いて来れない時子に付き添ってきた、まだ入会していなかった夫の忠治も信心するようになります。早速、時子は友人三人に声をかけ、座談会に誘い、この三人も信心するようになりました。

弘教の喜びを知った時子は、体調の良いときには、積極的に学会活動に参加するようになり、いつしか全身を覆っていた気だるさが消え、気力を感じるようになり、この年の十二月には、床上げすることができました。更には、翌年の四月には血尿も止まり、八年余続いた闘病生活にピリオドをうつことができました。(『新・人間革命』第25巻「共戦」の章の趣意)

このような人間ドラマが全国の津々浦々で展開され、創価学会の活動が進んでいったのです。

海外にも布教の波は広がっていきましたが、そこには日本で布教する以上の大変な苦労がありました。そこを記述している『新・人間革命』第11巻「開墾」の章を紹介します。

「キシベは一九一三年（大正二年）、沖縄の名護に生まれた。

農林学校を卒業後、農業試験場に就職し、農牧の視察のため、アルゼンチンに渡ったのが、南米の大地を踏んだ第一歩であった。

南米に魅せられていた彼は、そのまま、日本に帰ろうとはしなかった。ペルーのリマに兄が住んでいたことから、キシベは、リマで暮らすようになった。最初は、兄の理髪店を手伝っていたが、やがて、兄弟で牛乳配達業を営むようになる。

四五年（昭和二十年）の六月、彼は、日系二世のロサリアと結婚した。

この年の二月に、ペルーは日本に宣戦布告し、反日感情が強い時代であり、不安ななかでの第二の人生のスタートであった。

戦争が終わると、キシベは金物店を経営する一方、アメリカから下水用の鉄管を輸入し、販売する仕事を始めた。これが売れに売れ、大成功を収めたかに見えた。しかし、好調の時代は、長くは続かなかった。

ある時、彼は、仕事の取引で、契約の書類をろくに確かめもせずに、軽い気持ちでサインをしてしまった。それが、詐欺まがいの契約書であったために、多大な不利益を被ることになった。そこに、ペルー社会のインフレの激しさが追い打ちをかけた。

商売は失敗し、莫大な借金が残り、完全に窮地に立たされた。加えて、長女の関節炎、長男の喘息、三男のてんかんと、子どもたちは病気をかかえていた。だが、毎日の食費にも事欠くありさまで、薬を買うこともできなかった。病に苦しむ子供たちを見ると、不憫でならず、自分が情けなかった。

それまで面倒をみた、友人たちも離れていった。

キシベは、既に四十代後半になっていた。ペルーに来て、二十数年がかりで築き上げてきた人生のすべてが、足元から崩れていくように思えた。金策のめども立たず、ベッドに入っても、うなされる日が続いた。

絶望感に襲われた彼は、二度、自殺を図った。一度は、リマの郊外の海岸の崖から、飛び降りた。重症を負ったが、死ぬことはできなかった。さらに、猛スピードで走るバスから、飛び降りて死のうとした。これもまた未遂に終わった。

一家の生活の糧を得るために、妻のロサリアは、父と弟に資金を出してもらい、美容院を始めた。

そのころ、キシベは、故郷・沖縄の同じ中学出身の友人に誘われ、知名正義（著者注＝ペルーの学会の中心者）の家に行き、仏法の話を聞かされた。

『真剣に信心に励むならば、どんな悩みでも、必ず解決できます！』

こう言い切る知名の確信に打たれ、キシベはその場でサインをし、入会を決めた。

一九六二年（昭和三十七年）三月のことである。

その話を聞いたロサリアは、血相を変えた。

『あなた、なんでまた、サインなどしてしまったんですか！　軽率にそんなことをすればどうなるか――私たちは、それをいやというほど、思い知らされたきたじゃないの！』

莫大な借金を抱えることになったのも、もとはといえば、夫が安易に書類にサインをしたからである。それに懲りずに、〝得体の知れない宗教〟の入会の書類に、またしてもサインしてきた夫が、ロサリアは腹立たしかった。

ロサリアは、そもそも祈ることで問題が解決できるなどと教える宗教は、まやかしに決まっていると思い込んでいた。だから、夫が創価学会に入ることには賛同できなかった。

一方、キシベは、懸命に勤行・唱題に励んだ。そして、人生の再出発をしようと、義弟の写真店のアシスタントとして、仕事を手伝うようになった。

彼は、学会活動に取り組むうちに、何か生命が躍動してくるのを感じた。さらに、自分の考え方が変わってきていることに気づいた。

キシベはそれまで、自分ほど不幸な人間はいないと思っていた。ところが、人生の辛酸をなめたからこそ、御本尊に巡りあえたのであり、すべてが、これから幸福になっていくためのステップであると、感じられるようになっていった。

この〝幸福への確信〟が、彼の勇気をもたらし、何事にも、意欲的に取り組めるようになっていったのである。

やがて、キシベは独立して、リマ市の郊外で写真店を開いた。店の名前は『SIAWASE』（幸せ）である。〝信心で必ず幸せになってみせる〟との決意を込めての命名であった。

ロサリアは、夫が再起していく姿には喜びを感じていた。だが、信心に対しては冷ややかに見ていた。

キシベは、熱心に妻を会合に誘った。彼女は、気が進まなかったが、夫の顔を立てるつもりで、座談会に出席してみることにした。

ロサリアは、最初、うさん臭いと思いながら話を聞いていた。しかし、体験発表が始まると、身を乗り出して耳を澄ましていた。信仰によって、病苦や経済苦、家庭不和などを克服してきた証言には、重みがあり、説得力があった。また、『宿命の転換』という言葉が、鋭く心に突き刺さった。

彼女は思った。

〝信じがたい話だが、もしかしたら、この信仰で、一家の宿命を変えられるかもしれない。ほかに打開の道がないのだから、やってみてもよいのではないか〟

そして、思い切って、信心を始めたのである。

夫妻で勤行・唱題に励み出すと、子どもたちも一緒にするようになった。娘は関節の痛みに耐えながら、喘息の長男は、ぜいぜいと苦しい息をしながらの勤行である。生活は、相変わらず楽ではなかったが、そこには希望があった。

一九六二年（昭和三十七年）の十一月、ペルーに支部が誕生すると、キシベ夫妻は地区部長、地区担当員に任命された。

ビセンテ・セイケン・キシベは決意した。

〝私は、生涯、広宣流布に生き抜くのだ。そのためには、生活の基盤を確立しなければ〟

このころから、不思議なことに、ロサリアの美容院が繁盛するようになった。

また、しばらくすると。彼の写真店の周辺の道路が整備され、役所や学校が次々と建ち、写真店が大繁盛するようになっていった。

これによって、多額の借金も、短期間で返済することができたのである。また、嬉しいことには、いつしか、子どもたちの病気も治っていた。

キシベは、その感謝の思いを込めて、法のため、広布のために、身を粉にして働いた。苦しんでいる人がいると聞けば、二十時間、三十時間とかかろうが、勇んで出かけて行き、親身になって相談にのり、語り合い、励ました。ペルー中の人びとを幸せにすることが、写真店「SIAWASE」の主人の願いであり、決意であったのだ。

その一念が、キシベの人柄となって表れ、彼は、皆から『ペルー人以上にペルー人のこころがわかる』と言われるようになるのである。

スペイン語が達者なキシベ夫妻の活躍もあって、ペルーでは、次第に日系人以外の入会者が増えていった。

それにともない、彼らに新たな課題が生まれた。その一つが、仏法用語をどうスペイン語に翻訳し、理解させるかであった。

たとえば、『宿業』について説明しても、ペルーでは過去世からの罪業という考え方がないために、『私は報いを受けるような罪を犯した覚えはない』という人が少なくなかった。そして、カトリックの影響が強いだけに、『宿命』を、神命に背いたアダムの子孫である人間が、生まれながらにして背負った、『原罪』のように考えてしまうのである。

さらに、新入会のペルー人に、勤行を教えるのが、また、一苦労だった。

当初、勤行指導には、知名正義が手に入れた英字の経本をガリ版刷りにしたものや、それを書き写したものが使われた。しかし、ローマ字をそのままスペイン語で読むと、発音の違いがあるために、正確な勤行にならない。

たとえば、『HOBENPON』（方便品）と書かれていると、スペイン語では、「H」は発音しないことから、『オウペンポン』となってしまう。

また、スペイン語を話す人にとっては、ザ行の発音は難しい。通常、スペイン語では、そうした音は使わないからだ。『ZA』は『ザ』ではなく、『サ』に近い発音をするのである。さらに、スペイン語には、『ッ』という促音がないために、かなりの練習を積まないと、正確な発音はできない。

そこで、皆で話し合い、先輩が、新入会のメンバーの横について声を出し、一対一で勤行を教えることにした。

そして、正確な勤行を教えるために、幹部が勤行の仕方を互いに試験し合い、それに合格した人だけが、新しいメンバーに教える資格をもつという方法がとられたのである。

仏法用語の翻訳や勤行指導をどうするかは、ペルーに限らず、世界各国で、広宣流布の先駆けとなった人びとの、共通の課題であり、悩みであった。

しかし、いずれの国も、試行錯誤を重ね、そうした問題を一つ一つ乗り越えていった。そして、仏法が、その国に定着し、人びととの生活に根ざしていったからこそ、今日の世界広宣流布の大潮流がつくられたのである。」（『新・人間革命』第11巻、一二七〜一三四頁）

第三節　中世の暗黒時代に戻らない宗教の復権

人間は、ある面では、弱いものです。信心をして、この御本尊は力があるすごい御本尊だと知ると、いつしか頼るようになります。

確かに、幕府という国家権力がかかっても、日蓮の首を斬れませんでした。また、学会員の体験で、大事故を起こすところが、軽い事故ですみ、「守られた」という体験もよく聞きます。私自身そう思える体験もしました。

こう言う体験を聞くと、試験を受ける受験生が、またスポーツの選手が試合をするのに、信心しているから守られるだろう、なんとかなるだろうと思いがちです。でも、勉強が出来なければ試験におちますし、実力がなければ試合に勝てません。努力をやりとげる、強くなるための信心です。自分自身を変えていくことでなく、神仏に願って、物事を達成しようとするのは、他力本願といって、間違いです。

自分が努力しないで、神仏の加護をあてにするようになると、宗教の復権といっても、中世ヨーロッパの時代のような、インドで釈迦仏法が廃れたような時代に逆戻りです。

釈迦滅後のインドで人間釈迦を、仏像等に神格化し、釈迦如来として礼拝する対象としました。そこには、釈迦のような人間として自己完成を目指すのでなく、釈迦に救ってもらいたいとの信仰姿勢があり、インドで仏教が滅んだ原因と指摘されています。『法華経の智慧』では、池田名誉会長が次のように指摘しています。

「仏教は本来、『人生をどう生きるか』を教えている。人生の正しい『道』を歩まんとする人がいて、師を求め、師がその心に応じて、師弟の関係が生まれる。ところが、仏が人間ではなく〝神様〟になってしまったら、『師弟の道』はなりたたない。」（中略）「『人間・釈尊』を忘れた時、仏教は『人間の生き方』から離れてしまった。『師弟の道』がなくなった。その結果は、仏教の堕落であり、権威化です。」（『法華経の智慧』第四巻、四八〜四九）

また、SGIに入会してくる、欧米系の人たちは、神が自己の運命を決めるのでなく、自分の運命は自分で開くのであり、自分の幸・不幸は自己の責任で、自分が変わるしかないという教えを聞き、その自己を向上させる道を説いているこの仏教に共感して、入会する方も多いようです。

日本でも、宗教は神に救いを求める弱い人間のすることだと思っている人は多くいます。確かに、今までは、そのような信仰の姿勢が、信仰者のごく当たり前の姿でした。

しかし、真実の仏教は違います。三世の生命を解き明かした生命哲学としての日蓮仏法を学んだうえで、信仰者としての正しい生き方を知っていくときにきているのでないでしょうか。

創価学会員は朝晩祈っています。人それぞれ、顔が違うように、祈っていることも様々だと思います。第二節で紹介したような窮地を脱するために、懸命に祈りぬくこともあるでしょう。通常の生活の中の祈りでは、どうでしょうか。私も朝晩勤行、唱題をしています。祈る内容は時に応じていろいろあります。職場のこと、家庭のこと、学会活動のこと、健康のことなどいろいろあります。

しかし、ハッキリと勤行した効果が日々感じられるのは、朝の勤行でその日の自分がしなければならないこと、したいことをキチント祈っていくと、無駄なく、他のことに流されることもなく、キチントやりとげることができます。神や仏に頼るのではなく、むしろ神や他の人などの生命活動に、こちらの意志の波動を与えていけることができるように思います。神に頼るのでなく、神を動かしていくといってもいいと思います。

誰でも、無駄なく、効率よくその日の活動を終え、思い通りの生活を生きたいと思っているはずです。それができるようになります。なかには、こちらの一念が弱かったり、祈りが足りなかったりすると、叶わないこともたまにありますが、まず思ったようになります。思い通りにことが進めば、日々の生活が楽しくなります。ですから、人生がハッピーになります。私は、そう実感しています。

祈りは、いわゆる
「おすがり信仰」とは
全く違うのだ。
祈りとは本来、
「誓願」である。
「必ずこうする」という

誓いであり、
明確な目標に
挑み立つ宣言である。（「池田大作先生　四季の励まし」『聖教新聞』令和一年一二月二九日号）

学会に入っても、入会すれば、即完成された人間になるわけではないので、会員同士でつくる創価学会の組織にも様々な人がいます。気の合わない人が、たまたまいて学会の組織から離れていった人、あるいは考えかたの習癖によって、学会の指導通りには信仰活動ができない人、仕事が多忙になって、学会活動が億劫になり、だんだん学会の活動から遠のいていく人などもいます。

神は存在すると記述しましたが、悪鬼もいます。経典には、「悪鬼入其身」（『悪鬼その身に入る』と読む）という言葉があるように、悪鬼なり、魔に、自己の命が感応すると、同志が信じられなくなったり、信仰を続けることに嫌悪感が起きたりします。

神にしろ、魔にしろ、生命の中での存在です。

魔は仏道修行を妨げる働きです。人間生命には魔性という働きも潜んでいます。魔は仏法では、「殺者」、「能奪命者」、「破壊」と訳され、煩悩などで、衆生の心を悩乱させ、生命を奪い、智慧を破壊する働きです。この魔は、仏道修行を妨げます。

更に、このような魔性の生命が人間の心を支配するとき、人間は人を苦しめたり、殺人すら起こしかねません。権力者がこのような魔の生命に支配されると戦争すらもおこしかねません。人間の心のなかに宿る、憎悪や破壊や支配といった「魔性」の生命を打ち砕き、「仏」の生命を打ち立てていかなければ、本当の平和な世界は実現しません。魔を打ち破れるのは、仏の生命です。

嫌だ、億劫だと思う心に、魔の命が入りこみます。油断してはいけません。矢張り、仏道修行です。信心したから、棚から牡丹餅がふってくるようなものではありません。むしろ、学会の様々な活動に身を置き、一つひとつ達成する、課題を乗り越えていく必要があります。ですから、朝晩の真剣な勤行・唱題がないとなかなか乗り越えられません。朝晩の真剣な勤行・唱題がないと、課題を達成できない。勇気が湧かない。信心しても向上がない、仏界という命には到達できないことになります。

ですから、御本尊を頂いて、南無妙法蓮華経を唱えるようになっても、信心の姿勢をアドバイスしてくれる先輩、組織がないと、いくら力ある御本尊をいただいても、仏道修行は難しいものです。ここに創価学会の代々の会長が築いてくれた創価学会の、偉大な存在意義があります。創価学会の組織が必要なのです。

この創価学会を馬鹿にし、軽くみて、広宣流布の活動もしないようですと、いくら南無妙法蓮華経を唱える僧侶集団でも、その命は魔に食われます。その場所も魔の住みかとなります。今の日顕宗の寺院がいい例です。

以前は、創価学会は、貧乏人と病人の集まりだと批判されました。しかし、第二代戸田会長は、「貧乏人と病人の集まりの何が悪い！　一番苦しんでいる人を救うのが、真に力ある宗教じゃないか」と誇り高く言い放たれたといいます。

第二節で、紹介した体験に示されるように、多くの人が、創価学会に入会し、絶望から這いあがってきたからこそ、また自分自身が蘇生した確信があるからこそ、人にも語り、拡大ができたのです。

更に、仏法を学ぶと、自己の今の悪い境涯、また障害を持って生まれたのは過去世になした行いの報いによるのでないかと思ったりします。しかし、仏法には願兼於業といって、菩薩が苦しんでいる衆生を救うため、願って苦しい境涯を作り出して生まれてきて、この法によって宿命転換して、強く生きていくことを示すことが説かれています。

退行催眠には、生まれてくるときに、将来において偉業を達成するために、厳しい環境に生まれてくる生き方と選択する話もありました。

「もし私たちがつらい人生を堪え忍ばなければならないとしても、かならずしも前世で悪いことをしたためとはかぎらない。一定の試練をうけて、将来の仕事やりっぱな業績にそなえているのかもしれないのだ。」（『輪廻転生』一一〇頁）

今の苦しい状態が、過去の宿業によるのか、願兼於業なのか、本人も含めてわかりません。ただ、ペルーのキシベさんが、自分がペルーにきて苦労したのは、この仏法に巡り合い、この仏法の素晴らしさをペルーの人に教えるためにあったのだと自分で思うようになったとありました。

この信仰を実践して、功徳あふれる境涯になれば、結果的にだれでも、自分は願兼於業で、この仏法の素晴らしさを教えるために苦労してきたのだと思えます。それでいいのでないでしょうか。

第四節　ポピュリズムを超えた人類の理想、哲人政治

フェイクニュースとか、ＳＮＳの拡散もあって、民主主義の先進国といわれる国においても、民主主義の危機が叫ばれるようになってきました。

プラトンは『国家』のなかで、民主制国家を「この人々は自由であり、また、この国家には自由が支配していて、何でも話せる言論の自由が行きわたっているとともに、そこでは何でも思いどおりのことを行うことが放任されているのではないかね？」、（中略）「この国制を最も美しい国制であると判定する人々も、さぞ多いことだろう」（『国家』下、二二七頁）と記述しています。

しかしその一方で、「その自由放任のために、さらに大きく力強いものとなって、民主制を隷属化させることになる。まことに何ごとであれ、あまりに度がすぎるということは、その反動として、反対の方向への大きな変化を引き起こしがちなものだ。」（中略）「僭主独裁制が成立するのは、民主制以外のどのような国制からでもないということだ。すな

わち、思うに、最高度の自由からは、最も野蛮な最高度の隷属が生まれてくるのだ」(『国家』下、二四六〜二四七頁)とも言っています。

このような危険があるから、プラトンは民主制を、国制としては、僭主独裁制につぐ下から二番目の制度として、寡頭制などよりも劣る制度としていることはよく知られています。そしてプラトンは、理想の政治形態を哲学者が国を治める「哲人政治」としました。

「『哲学者たちが国々において王となって統治するのでないかぎり』とぼくは言った、『あるいは、現在王と呼ばれ、権力者と呼ばれている人たちが、真実にかつじゅうぶんに哲学するのでないかぎり、すなわち、政治的権力と哲学的精神とが一体化されて、多くの人々の素質が、現在のようにこの二つのどちらかの方向へ別々に進むのを強制的に禁止されるのではないかぎり、親愛なるグラウコンよ、国々にとって不幸のやむときはないし、また、人類にとっても同様だとぼくは思う。さらに、われわれが議論のうえで述べてきたような国制のあり方にしても、このことが果たされないうちは、可能なかぎり実現されて日の光を見るということは、けっしてないだろう』」(『国家』上、四五二頁)

このプラトンが言う哲学者とは、次のように記載されています。

「哲学者とは、つねに恒常不変のあり方を保つものに触れることのできる人びとのことであり、他方、そうすることができずに、さまざまに変転する雑多な事物のなかにさまよう人々は哲学者ではない」(『国家』下、一八〜一九頁)

プラトンが理想とした哲人政治は、確固とした哲学があって初めて可能となります。ただ、指導者だけが、哲学を持つのでなく、その国の国民も含めて多くの人が、しっかりした哲学を持つべきです。国の政治形態がどうであれ、生命を解き明かした、日蓮仏法を信じることによって、はじめて理想の国家がなりたつのではないでしょうか。

哲人政治といってもどのような哲学をもつのか、その哲学の中味が大事です。そしてまた、哲学に実践を伴ったものを宗教といいます。

『新・人間革命』第4巻には、日蓮が、時の幕府の権力者、北条時頼に送った「立正安国論」の内容が記載されています。

「『汝早く信仰の寸心を改めて速やかに実乗の一善に帰せよ』(御書、三二頁)〈あなたは、早く信仰の寸心を改めて、速やかに、実乗の一善である、真実の法に帰依しなさい〉

不幸と苦悩に覆われた社会を変革し、『国を安んずる』直道は何か。日蓮は、それは、一人の人間の心のなかに『正を立てる』ことから始まるのだと呼びかけている。『実乗の一善』とは、実大乗教たる法華経であり、一切衆生は本来、仏なりと教える、最高の人間専属の大法である。そして、一人ひとりの人間がこの妙法に則って、胸中の仏の生命を開いていく時、その人の住む場所も、仏国土と輝いていくのである。

つまり、時代、社会の創造の主体である、一人ひとりの人間の内発性の勝利を打ち立て、社会の繁栄と平和を創造していこうとするのが日蓮仏法である。そして、その原理を説き明したのがこの立正安国論であった。」（『新・人間革命』第4巻、二七八〜二七九頁）

更に、池田名誉会長は、『新・人間革命』第12巻において、次のように記載しています。

「大聖人は『立正安国論』のなかで、〝実乗の一善〟、すなわち、法華経に帰依すべきであると訴えられております。法華経とは、大宇宙を貫く生命の根本法則を説いた教えであり、また、生命の尊厳の思想、慈悲の哲理です。そして、この正法を生き方の根本とし、自身の一念を、生命を変革していくならば、いかなる環境をも変え、崩れざる幸福を築きあげることができると、大聖人は宣言されています。

なぜなら、主体である自身と、人間を取り巻く環境とは、本来、不二の関係にあるからです。それが、『依正不二』ということです。

つまり、すべては、人間の己心に収まるとともに、人間の一念は大宇宙に遍満していく。ゆえに、私どもの信心で、必死の行動で、いかなる事態も、必ず打開していくことができる。それが仏法の原理です。」（『新・人間革命』第12巻、一四〇〜一四一頁）

第三章第四節の三世間のところでふれた依正不二の原理を踏まえて、一国に正しい法を保つことが大切なことと記載していますが、この仏法は、人間生命の変革により、人間社会だけでなく、環境まで変えていけるのがこの信心です。

台風、ハリケーンなども、温暖化の影響か、だんだん威力をましています。大地震が起こるのでないかと心配する人もいます。人間生命と自然環境が一体であることを説いたこの仏法の流布により、一国はもとより、地球全体が安穏になることができるのが、日蓮仏法なのです。

「立正安国論」のこの文を踏まえて、池田名誉会長は、またその講義でつぎのように記載しています。

「地球は、われわれ人間が生存を託している宇宙のオアシスであり、かけがえのない存在である。この地球を、私たちはなんとしても破滅から救わなければならない。そのためには、人間の行為が、自然の運行、自然界の調和に及ぼす影響性を考え、少しでも危険性をもつものは、厳重に規制していく必要があろう。」（『立正安国論講義』（五）、一一一頁）（中略）

「仏法よりみるなら、自然もまた調和あるリズムを奏でつつ、変転を重ねる一個の巨大な生命的存在であるといわざるをえない。この自然を動かす根源のリズムを、南無妙法蓮華経であるととらえたのが、日蓮大聖人の仏法である。この根源の一法は、同時に、人間生命を支え、動かす存在でもある。大宇宙と人間生命をともに貫き、支え、生み出す根源の一法こそ、南無妙法蓮華経なのである。この妙法の働きが弱くなり、全体のリズムが狂いを生じた場合には、大自然も人間も、ともに生ける生命体としての力を失い、崩壊へと向かうのである。

逆に、人間生命の中に妙法の力が湧現してくれれば、心身は躍動し、ひいては大自然へも波及し、変革し、蘇生させていくのである。仏法の偉大さは、人間はもとより社会、国土に生き生きとした力を与えることである。妙法の信仰は、たんなる一個人の人間革

SGI Soka Gakkai International

命にとどまらず、大きくは病める社会、国土の蘇生につながり、豊かな自然の『宝土』を築くことになるのである。」（『立正安国論講義』（五）、一一二〜一一三頁）

世界三大宗教といわれたキリスト教、イスラム教、仏教は、宇宙の根本法に帰依することを教え、それに基づく教えを展開してきたのでしょうが、この本で述べてきたように、科学が発達した現代において、生命の永遠を説き明した宗教でないと時代をリードする宗教とは言えなくなってきています。

現代人が信ずるに値する宗教が求められています。生命を解き明かした日蓮仏法に気づくべきです。

この日蓮仏法を学び、生命根源の法、南無妙法蓮華経をたもって人間革命を個々人が目指し、幸福な生活を実現していく、そして平和で安穏な地球を築かなければなりません。

そしてすでに、世界一九二か国、地域で（二〇一九年現在）、その取り組みが進んでいます。

インド、ブラジル、アメリカ、イタリア、アフリカの国々でも青年達が新しい仏法を信仰して立ち上りました。

人類の新時代が始まりました。

参考文献リスト

『新・人間革命』第3巻　池田大作著　聖教新聞社
『国家』プラトン著（藤沢令夫訳）岩波文庫
『ソクラテスの弁明・クリトーン・パイドーン』プラトン著（田中美知太郎・池田美恵訳）新潮社
『かいまみた死後の世界』レイモンド・A・ムーディJr（中山善之訳）評論社
『光の彼方に』レイモンド・A・ムーディJr（笠原敏夫・河口慶子訳）TBSブリタニカ
『「死ぬ瞬間」と臨死体験』E・キューブラ・ロス著（鈴木晶訳）読売新聞社
『輪廻転生――驚くべき現代の神話』J・L・ホイットン他著（片桐すみ子）人文書院
『前世療法』ブライアン・L・ワイス著（山川紘矢・亜希子訳）PHP文庫
『死後の世界が教える「人生はなんのためにあるのか」』マイケル・ニュートン著（澤西康史訳）VOICE
『前世を記憶する子どもたち』イアン・スティーブンソン著（笠原敏雄訳）日本教文社
『二十一世紀への対話』池田大作　A・トインビー　聖教ワイド文庫

『法華経の智慧』第四巻　池田大作他著　聖教新聞社
『御義口伝講義上』（一）　池田大作著　聖教文庫
『立正安国論講義』5　池田大作著　聖教文庫
『妙法蓮華経並開結』創価学会
『日蓮大聖人御書全集』創価学会
『日蓮大聖人御書講義』第九巻　聖教新聞社
『日蓮大聖人御書講義』第七巻　聖教新聞社
『人間革命』第4巻　池田大作著　聖教新聞社
『戸田城聖先生　論文集』創価学会
『新・人間革命』第4巻　池田大作著　聖教新聞社
『新・人間革命』第6巻　池田大作著　聖教新聞社
『新・人間革命』第11巻　池田大作著　聖教新聞社
『新・人間革命』第12巻　池田大作著　聖教新聞社
『新・人間革命』第25巻　池田大作著　聖教新聞社

あとがき

人類は、自らの力でこの地球を破壊するまでになっています。宇宙や生命のことなど人知では計りしれない課題を抱えたまま、身に余る能力を持つに至った人類は、これらの課題に秩序、理解を与える力を必要としているのでないでしょうか。

現代人は宗教を必要としています。

では、科学技術が進歩した現代にあって、現代人が信ずるに足る宗教はあるのでしょうか。「ある」というのが、この本の結論です。

私は、今は建築関係の民間機関の役員をしていますが、元都庁職員であり、建築職という技術系の職員でした。学者ではありません。創価学会の本部職員でもありませんし、創価学会から何か指示があって、この本を執筆したのでもありません。ただ、一八歳で創価学会に入会以来、五十数年にわたって活動しているなかで、この本を執筆する気になったのです。そのわけは主に以下の三点のようです。

一つは、私が、信心を始めた学生部の頃は、学内紛争が盛んで、大学が封鎖されるなか、様々な主義主張の学生仲間と、大学の内外でいろいろ議論しあいました。幸い、当時は、池田先生に御義口伝講義を受けた先輩達がいて、大学別講義などで、御義口伝など日蓮大聖人の仏法の真髄に触れさせて頂きました。そのようなこともあり、その後、日蓮大聖人の御書、人間革命、新・人間革命はそれぞれ通しで、数回読みました。また、池田先生とトインビー博士の対談は、英語版、日本語版それぞれも数回読みました。今は、英語版の『THE NEW HUMAN REVOLUTION』を読んでいます。一六巻までできました。教学が私の信心の柱、支えになっています。

二点目に、三十年ほど前に、地元の新聞社の社長をしていた方が、私が創価学会員と知ると、本を二冊渡して感想を聞きたいと言われました。その本が文中でも紹介した『かいまみた死後の世界』と『輪廻転生』です。読んだ後、仏法で説く通りですと感想を言いました。また、このような本があると知るとその後も、これらの関係の本を読み進みました。更にもう一つの系統である『前世を記憶する子どもたち』も読みました。輪廻転生を信じない欧米系の人は懐疑的ですが、私は、釈迦、ソクラテス、プラトンなど、過去の先哲が示したことを、科学的な探求が証明していくという、まさに演繹的に信じていたことを、帰納的に証明していく時代になってきた一つの表れと評価しています。

三点目に、私は、二〇〇〇年（平成十二年）から、二十年になりますが、だいたい月一回のペースで土日が中心になりますが、本部で相談業務の任に当たらせていただいています。様々な悩みを持った方が、相談にこられます。教学、経験など様々なものが要求されますが、この任務を担当する中で、あらためて真実の宗教は、単なる理念を教えるだけでなく、その人の悩み、生活を改善していく力をもつものだと思います。信心を始めた頃に、教えられた言葉に、文中でも紹介しましたが、哲学に実践を伴うものを宗教というとありました。確かに、いかに立派な教えでも、観念だけでは現実の生活に反映しづらいものでしょう。確かな、その理念を生活、人生に生かせる方法があって、宿命転換という幸福生活が実現できるのです。ですから、哲学に実践をともなった宗教であってこそ、悩みを、生活を改善できるのです。

主に、ここに挙げた三つほどの経験を積んできたうえで、私のような者が、このような本を出版することに、躊躇はありましたが、私のような比較的自由な立場であるからこそ、書くこともできると思い挑戦しました。私なりに、少しでも日蓮大聖人の仏法を知ってもらう機縁になればと執筆したことです。

元、私たちの地元の組織の長であった陣内由晴さんには、素案の段階で二度ほど見ていただき、貴重な助言を頂戴しました。また雑誌の編集長の経験がある林ひろ子さんにも、原稿を見ていただき感想を伺いました。出版にあたって、同じ地元の坂部卓司さんには、在職時代の経験を生かし、いろいろご尽力いただきました。また、出版を引き受けていただいた論創社の森下紀夫さんには、このような書籍の出版を引き受けてくれたことに感謝しています。

この本が、現代を生きる人が、人間生命が永遠であり、生まれ変わり続けていくという観点から生き方を見直して、足が地に着いた着実な実りある人生を生きていただく一助になることを願っています。

二〇二〇年一月

平野　正利

平野 正利（ひらの・まさとし）

1947 年、東京に生まれる。東京都立大学工学部建築工学科卒業、東京都庁に就職、2007 年東京都庁退職、同年建築行政情報センターに就職し、日本建築行政会議事務局長を務める。2011 年退職、指定確認検査機関の取締役執行役員として就職、現在に至る。
東京建築士会理事、同法規委員長、住宅性能評価・表示協会理事、日本建築行政会議企画委員、一級建築士、建築基準法適合判定資格者。

生命の探求 人は生まれ変わる

2020 年 3 月 10 日　初版第 1 刷印刷
2020 年 3 月 16 日　初版第 1 刷発行

著　者　平野正利
発行者　森下紀夫
発行所　論 創 社
東京都千代田区神田神保町 2-23　北井ビル
tel. 03（3264）5254　fax. 03（3264）5232　web. http://www.ronso.co.jp/
振替口座　00160-1-155266
装幀／宗利淳一
印刷・製本／中央精版印刷　組版／フレックスアート
ISBN978-4-8460-1909-9　